生保会社の経営課題

小藤 康夫

税務経理協会

はじめに

　生保業界を取り巻く経済環境が目まぐるしく変化しています。最大の要因は少子高齢化です。日本の人口が縮小傾向を辿るなかで，子どもの数が減少し，高齢化が着実に進んでいます。さらに単身世帯や共働き世帯の増加といった社会構造の変化も無視できません。

　生命保険といえば誰もが死亡保険を連想するでしょう。一家の大黒柱の夫に家族のための生命保険を掛けるケースが一般的でした。夫が万一の時に配偶者の妻に多額の保険金が支払われるのが通常のスタイルでした。保険用語で表現しますと，夫が被保険者であり，同時に保険料を支払う契約者です。保険金の受取人は配偶者の妻になります。

　ところが，死亡保険の販売を支える前提条件が変わってしまいました。結婚する若者が少なくなったばかりか，結婚しても共働きを続ける夫婦が増えてきたからです。これでは死亡保険の役割が弱まるばかりです。

　それに代わってニーズが高まっているのが自分自身のための生命保険です。大雑把に分けて2種類の保険があります。ひとつは医療保険，がん保険，そして介護保険といった第三分野の保険です。

　保険業法ではヒトを対象とした一定額の保険金を支払う生命保険を第一分野の保険と呼んでいます。それに対して，モノを対象としながら不定額の保険金を支払う損害保険を第二分野の保険と呼んでいます。

　医療保険等はヒトが対象ですので，第一分野の保険に属するように見えるかもしれません。しかし，支払う保険金は前もってわかりませんので，不定額となり，第二分野の保険の要素も兼ね備えています。

　そのため，第三分野の保険として別に分類されているのです。独身者であれ既婚者であれ，病気や介護の問題に直面する可能性があります。第三分野の保

険はこれからも伸びていく人気の保険商品です。

　その一方で，貯蓄型生保商品も自分自身のための保険として着実に存在感を高めています。終身保険や養老保険も貯蓄機能を持った代表的生保商品ですが，個人年金保険が最もわかりやすい貯蓄型生保商品と思われます。

　公的年金は基本的に現役の人が保険料を高齢者に支払う賦課方式ですので，人口の年齢構成に依存します。若い世代が多ければ安泰ですが，逆に老人が多ければ不安定となります。少子高齢化は公的年金そのものの基盤を大きく揺るがす要因となります。

　そのため個人年金保険をはじめとする貯蓄型生保商品が公的年金の補完手段として重要な役割を果たしています。少子高齢化に改善の兆しが見られない限り，この傾向は変わらないでしょう。これにより生保商品のなかで貯蓄型生保商品が保障型生保商品に比べて伸びている理由が明らかになったと思います。

　確かに公的年金が人口の年齢構成に依存する賦課方式に対して，貯蓄型生保商品は積立方式なので補完機能が働きます。その意味では貯蓄型生保商品の存在意義が理解できます。一方で，積立方式のために生保は高い資産運用成果が得られるように絶えず励まなければなりません。

　周知のように生保商品には予定利率が設定されています。生保が約束した最低限の運用利回りです。生保は予定利率を上回るように効率的な資産運用を展開しなければなりません。

　もちろん，予定利率を低く設定すれば資産運用の制約がある程度解き放されるかもしれません。しかし，生保商品の価格が上がってしまいます。これでは人々が進んで購入しようとはしないでしょう。やはり予定利率をできる限り高く設定しなければなりません。そのため生保は絶えず資産運用の課題が突きつけられています。

　ところが，わが国の運用環境はかなり厳しい状況が続いています。バブルが崩壊した1990年代以降，金利水準は下がり続け，株価水準も低迷状態のままです。しかも円高傾向にあります。これでは思うような運用成果がなかなかあげられません。貯蓄型生保商品のニーズが高まるなかで，高い運用利回りを得た

はじめに

いところですが，残念ながら厳しい運用環境に置かれているのが今日の生保業界です。

このように生保市場は大きな変化に直面しています。過去のような保障型生保商品が中心の構造から貯蓄型生保商品へ移行しています。また，運用環境は高い金利水準から超低金利水準の時代に転換しています。しかも，日本経済は人口減少から高成長は望めません。わが国の経済活動が低迷するなかで生保市場だけが伸びていくのもかなり難しいです。

本書では厳しい経済環境のもとで生保会社に突きつけられた様々な経営課題について，年度ごとに発表される決算報道に基づきながらわかりやすく説明しています。その期間は2010年3月期から2017年3月期です。わずかな期間ではありますが，生保会社の変遷が明らかになるのではないかと思われます。

例えば，会社形態の変化として生保の株式会社化があげられます。主要生保は相互会社組織が中心でしたが，今では株式会社組織に変更する生保も出現しています。資産運用のあり方も変化しています。ソルベンシーマージン比率の見直しやデュレーションの長期化戦略から国債への関心が高まりつつあります。

生保商品の販売チャネルも従来の専属営業職員による販売だけに依存しなくなりました。銀行窓口販売も拡大していますが，乗合代理店の進出が注目を集めています。それに関連して販売手数料の問題が取りあげられるようになりました。顧客にとって最も関心の高い問題かもしれません。

生保を取り巻く経済環境はさらに大きな変化を示しています。日銀によるマイナス金利付き異次元緩和策への転換は生保の資産運用を苦しめています。また日本経済が依然としてデフレから脱却できないために生保は国内市場だけでなく海外市場にも目を向けています。海外の保険会社を積極的に買収することでグローバル化を進めています。

こうしたテーマが決算年度ごとに取りあげられています。もともとの原稿は生保決算が発表されるたびに当時の生保業界で話題となった事柄をわかりやすく報告したものです。それをベースに章ごとにまとめられています。そのため，その時点にタイムスリップしたつもりで読んで頂ければ幸いです。

なお，ここで扱っている期間よりも以前の生保市場についてはすでに拙著『決算から見た生保業界の変貌』（2009年，税務経理協会）のなかで示されています。そこでは2002年３月期から2009年３月期の生保市場が取りあげられています。生保危機から抜け出し，健全な経営に向かっていく姿が描かれています。

　併せて読んで頂けると，さらに長期間にわたる生保市場の動きが正確に掴めると思います。参考までにお知らせ申しあげます。

　　2017年９月

　　　　　　　　　　　　　　　　　　　　　　　　　　　　　小藤　康夫

目　　次

はじめに

第1章　＜2010年＞
　　　　生保の株式会社化をめぐる期待と不安

第1節　2010年3月期決算の発表 ……………………………… 3
　⑴　株式市況に頼った決算 …………………………………… 3
　⑵　低迷する生保業界の打開策 ……………………………… 5
第2節　動き出した生保の株式会社化 ………………………… 6
　⑴　生保を取り巻く厳しい経営環境 ………………………… 6
　⑵　株式会社化のメリット …………………………………… 7
第3節　株式会社と相互会社の相違点 ………………………… 8
　⑴　米国生保の事情 …………………………………………… 8
　⑵　統計分析による証明 ……………………………………… 8
第4節　株式会社・生保の失敗事例 …………………………… 10
　⑴　大和生命の破綻 …………………………………………… 10
　⑵　組織形態による負担の構図 ……………………………… 11
　⑶　罠に陥らないための工夫 ………………………………… 12

第2章 ＜2011年＞
生保業界の活性化策を求めて

第1節　2011年3月期決算の発表 ……………………………… 15
　⑴　震災の影響 …………………………………………………… 15
　⑵　認識された保険の役割 ……………………………………… 16
第2節　苦戦する株式会社・生保 ………………………………17
　⑴　低迷する生保の株価 …………………………………………17
　⑵　裏目に出たリスク負担の経営 ……………………………… 19
第3節　ソルベンシーマージン比率対策の功罪 ……………… 21
　⑴　資本規制強化の影響 ………………………………………… 21
　⑵　資本規制の潜在的リスク …………………………………… 22
第4節　期待される生保の活性化策 …………………………… 23
　⑴　生存保険の販売 ……………………………………………… 23
　⑵　流通市場の開設 ……………………………………………… 24

第3章 ＜2012年＞
ソルベンシーマージン比率の見直しと
生保の株式投資行動

第1節　2012年3月期決算の発表 ……………………………… 27
　⑴　保険料等収入と基礎利益 …………………………………… 27
　⑵　新SM比率の導入 …………………………………………… 28
第2節　関心が高まるソルベンシーマージン比率 …………… 29
　⑴　金融庁による見直しの経緯 ………………………………… 29
　⑵　価格変動リスクの扱い ……………………………………… 31

第3節　生保の株式投資の目的	32
(1)　曖昧なSM対策としての株式売却	32
(2)　基金の積み増し	35
第4節　純投資としての株式保有	36

第4章　＜2013年　①＞
生保の資産側デュレーションの長期化戦略

第1節　2013年3月期決算の発表	41
(1)　増益基調の主要生保	41
(2)　大量に保有する生保の国債	42
第2節　原価から時価への移行	43
(1)　過去の生保危機とその対応策	43
(2)　経済価値ベースの評価	44
第3節　純資産と金利の関係	45
(1)　金利による資産・負債の変動	45
(2)　負債の時価	46
(3)　デュレーション・ギャップの影響	47
第4節　資産側デュレーションの動き	48
(1)　資産別構成割合の推移	48
(2)　デュレーションの計測方法	49
(3)　進行する長期化戦略	50
第5節　そのほかのALM戦略	51

第5章 ＜2013年 ②＞
変貌する生保業界の業態別シェア

第1節　生保業界の変遷 …………………………………… 55
　(1)　漢字生保の時代 ……………………………………… 55
　(2)　バブル崩壊後の動き ………………………………… 55
　(3)　外資系・損保系生保の躍進 ………………………… 56
第2節　損保系生保の特色 ………………………………… 58
　(1)　3メガ損保と子会社生保 …………………………… 58
　(2)　代理店を通じた販売チャネル ……………………… 59
　(3)　損保商品の特性 ……………………………………… 60
第3節　価格競争から生保再編へ ………………………… 61

第6章 ＜2014年＞
日銀の異次元緩和策と生保の資産運用行動

第1節　2014年3月期決算の発表 ………………………… 65
　(1)　減収増益の決算 ……………………………………… 65
　(2)　生保の運用姿勢 ……………………………………… 66
第2節　日銀の異次元緩和策 ……………………………… 67
　(1)　ポートフォリオ・リバランス効果 ………………… 67
　(2)　生保マネーの特徴 …………………………………… 68
第3節　米国生保の現状 …………………………………… 70
　(1)　組織形態別の主要データ …………………………… 70
　(2)　リスク管理としての債券保有 ……………………… 72
第4節　将来に向けた生保の姿 …………………………… 73
　(1)　リスク回避志向の資産運用 ………………………… 73

(2)　国債のデフォルトリスク ………………………………………… 74

第7章　＜2015年＞
経済テキストで学ぶ保険募集ルールの解釈

第1節　2015年3月期決算の発表 ………………………………… 79
　　(1)　好調な決算と運用収益 ……………………………………… 79
　　(2)　ナンバーワン効果 …………………………………………… 80
第2節　保険募集ルールの経済的背景 …………………………… 81
　　(1)　基本的ルールの創設 ………………………………………… 81
　　(2)　義務と規制 …………………………………………………… 82
　　(3)　金融教育の推進 ……………………………………………… 83
第3節　経済テキストで読み解く保険募集ルール ……………… 84
　　(1)　保障型保険商品の提供 ……………………………………… 84
　　(2)　貯蓄型保険商品の提供 ……………………………………… 86
第4節　手数料をめぐる議論 ……………………………………… 87

第8章　＜2016年　①＞
日銀のマイナス金利政策と生保経営

第1節　2016年3月期決算の発表 ………………………………… 91
第2節　マイナス金利政策の導入 ………………………………… 92
　　(1)　日銀の異次元緩和策の経緯 ………………………………… 92
　　(2)　金融機関への副作用 ………………………………………… 93
第3節　基礎利益から見た生保経営 ……………………………… 94
　　(1)　生保の損益計算メカニズム ………………………………… 94
　　(2)　当面の影響と具体的対応策 ………………………………… 95

第4節　生保の新たな展開 …………………………………… 98
　(1)　マイナス金利政策の余波 …………………………………… 98
　(2)　契約者のコスト意識 …………………………………………… 99
　(3)　合併・買収による規模の追求 ……………………………… 99

第9章　＜2016年　②＞
大手生保による国内外の買収戦略

第1節　変貌する国内生保市場 …………………………… 103
　(1)　大手生保による活発な買収戦略 …………………………… 103
　(2)　生保を取り巻く状況 ………………………………………… 104
第2節　損保から学ぶ保険経営 …………………………… 106
　(1)　先行する損保 ………………………………………………… 106
　(2)　ERM経営のフレームワーク ………………………………… 107
　(3)　ERM経営を促す環境変化 …………………………………… 108
第3節　大型買収の諸効果 ………………………………… 109
　(1)　分散化効果 …………………………………………………… 109
　(2)　ランキング争い ……………………………………………… 110

第10章　＜2017年＞
生保予定利率引き下げの影響

第1節　2017年3月期決算の発表 ………………………… 113
　(1)　マイナス金利政策の浸透 …………………………………… 113
　(2)　生保の対応策 ………………………………………………… 114
第2節　日銀と生保市場 …………………………………… 115
　(1)　日銀の超低金利政策 ………………………………………… 115
　(2)　予定利率の引き下げ ………………………………………… 117

目　次

第3節　ポートフォリオ・リバランス効果の打ち消し作用 ……120

終 わ り に ………………………………………………………123

出　　典 …………………………………………………………126

索　　引 …………………………………………………………127

第1章

〈2010年〉生保の株式会社化をめぐる期待と不安

第1章 〈2010年〉 生保の株式会社化をめぐる期待と不安

第1節　2010年3月期決算の発表

(1)　株式市況に頼った決算

　生保会社の2010年3月期決算が発表されました。世界的な金融危機の影響が薄れたせいか，多くの生保が前の年度に比べて経営内容を改善しています。ただ，すべての生保が同じような好決算を示しているわけではありません。一部の生保では回復に遅れが見られるところもあります。

　図表1－1は主要生保13社を対象にしながら経営内容を判断するうえで必要なデータを並べたものです。まず，成長性指標の保険料等収入を見ますと，増収の生保が多いですが，減収の生保も5社ほどあります。

　この二極化の動きを丁寧に見ますと，年金保険の銀行窓口販売によって決定づけられていることがわかります。窓販に勢いがある生保は全体の収入も伸びていますが，逆に窓販が低迷している生保は全体の収入も減少しているからです。

　次に収益性指標に注目しますと，3生保が基礎利益を赤字から黒字に転換させています。基礎利益は本業の利益の根幹を形成し，三利源の合計に相当するものです。また，有価証券含み益はすべての生保で大幅に改善し，税引き後利益は5社が赤字であった1年前の最悪な決算と違い，13社すべてが黒字です。収益性指標から判断する限り，危機的状況から脱している姿が浮かびあがっています。

　続いて健全性指標を見ますと，実質純資産はどの生保も増大し，保険会社独自の指標のソルベンシーマージン比率もすべての生保で改善し，金融庁の要求基準の200％を大きくクリアーしています。

　こうして3種類の経営指標から生保の姿を追っていきますと，保有株の値上がり益が経営の改善に貢献していることが読み取れます。2008年秋の金融危機で急落した保有株が回復し，その結果，有価証券含み益が一気に上昇し，収益性指標ならびに健全性指標の改善につながっていったのです。

図表1-1　主要生保の2010年3月期決算

		(1) 成長性指標		(2) 収益性指標			(3) 健全性指標	
		保険料等収入	銀行窓口販売	基礎利益	有価証券含み損益	税引き後利益	実質純資産	ソルベンシーマージン比率
国内	日　本	48,174 (▲4.4)	3,815 (▲12.9)	5,050 (▲6.5)	24,015 (10,486)	2,520 (38.8)	68,062 (28.1)	1,006.0 (101.6)
	第　一	37,005 (12.5)	7,977 (102.8)	3,779 (18.8)	8,514 (1,565)	556 (2.5倍)	33,216 (22.9)	953.5 (185.4)
	明治安田	32,824 (22.2)	8,007 (260.5)	2,914 (▲11.5)	12,049 (5,400)	1,427 (14.7)	35,006 (20.6)	1,187.5 (88.8)
	住　友	30,637 (20.9)	9,429 (176.6)	3,868 (160.4)	1,906 (▲1,068)	1,086 (2.1)	18,777 (22.5)	955.1 (117.9)
	T&D	18,983 (14.7)	2,914 (37.1)	1,310 (黒字転換)	2,289 (▲254)	242 －	11,347 (31.4)	1,120.6 (299.9)
	富　国	9,201 (17.7)	2,824 (133.4)	719 (▲4.7)	958 (▲360)	261 (▲54.0)	6,157 (19.3)	1,127.6 (119.2)
	ソニー	7,001 (5.8)	7 (813.4)	639 (68.4)	199 (509)	461 (36.6)	5,634 (5.8)	2,637.3 (576.8)
	三　井	6,404 (▲13.9)	3 (▲99.5)	478 (黒字転換)	756 (▲327)	46 －	3,892 (29.5)	702.1 (100.1)
	朝　日	5,099 (▲3.3)	85 －	249 (▲23.8)	341 (▲796)	334 －	3,235 (43.9)	608.0 (24.9)
外資	アリコ	13,174 (▲6.9)	903 (▲65.0)	1,204 (24.9)	1,877 (▲2,821)	484 －	7,581 (305.2)	1,248.4 (448.3)
	アフラック	12,315 (5.9)	79 (117.4)	1,580 (7.0)	▲1,259 (▲4,019)	410 (▲30.3)	5,008 (172.9)	939.3 (165.7)
	プルデンシャル	9,875 (6.6)	774 (151)	867 (▲3.6)	1,099 (▲629)	209 (19.5倍)	6,296 (63)	1,262.7 (359.8)
	アクサ	7,009 (▲5.7)	1,030 (10.1)	542 (黒字転換)	1,570 (645)	523 －	5,248 (36.8)	1,081.4 (262.8)

（注）　単位：億円。▲はマイナス，－は比較不能を意味します。下段の数値は前期比伸び率（％）を示します。
　　　ただし，有価証券含み損益の下段は2009年3月期の数値，ソルベンシーマージン比率（％）の下段は増減幅を示します。

　金融危機の影響をもろに受けた前の年度があまりにも決算内容が悪すぎたために，今回の決算が改善されたようにも見えますが，もともと保有株の値上がり益に依存する経営体質がこのような結果を生み出しているといえます。

そこで，経営実態の根幹部分を見ますと，本業の儲けの基礎利益を減らす生保も目立ちます。また，保険料等収入は伸びる生保と低迷を続ける生保の二極化が進み，年金保険の窓販がその動きを支える構図が出来上がっています。

　年金保険の販売は運用成果によって決定づけられる傾向が強く，株価の動向が重要な要因となっています。今回の決算を突き詰めていきますと，金融危機後の反動による株価上昇が年金保険の販売を押し上げ，それが保険料等収入に反映されていると判断できます。

(2)　低迷する生保業界の打開策

　結局，今回の決算は株式市況の影響をもろに受けた結果に過ぎず，これでは生保経営が不安定なままです。やはり，生保の基本は保障業務にあります。中心となるのは死亡保障型商品です。この商品の販売が伸びれば保険料等収入も着実な歩みを示し，三利源を構成する死差益と費差益の拡大から基礎利益そして最終利益の増大へとつながっていきます。

　年金保険だけに頼っていたのでは安定性に欠けるだけでなく，利益の伸びも期待できません。それゆえ，死亡保障型商品の動向が生保の経営を占ううえで大事な要素となります。

　ところが，今日の生保は主力の死亡保障型商品が低迷を続けたままです。そのことを象徴するのが個人保険の保有契約高の動きです。業界全体で1996年度にピークの1,500兆円に達した後，減少傾向に歯止めがかからないままです。

　日本経済を覆う少子化が死亡保障型商品の減少を促し，生保にとって深刻な利益の先細りを強めています。このまま続けば生保の将来は危ないです。もちろん，少子化が解消できれば生保にとってこのうえない追い風となりますが，これはほとんど期待できません。おそらく少子化は確実に続くでしょう。

　行き詰まった生保の打開策としてアジアを中心とした海外市場の開拓が試みられています。著しい成長を見せるアジアの新興国の中国，インド，ベトナムにわが国の主要生保がすでに進出しています。

　そうした海外市場で成功するにはＭ＆Ａ（合併・買収）は欠かせません。そ

れを実行するにはかなりの資金が必要です。これを達成するには従来の枠組みを根本から打ち破らなければなりません。

それに応える有効な手段として注目を集めているのが生保の株式会社化です。相互会社から株式会社への転換は閉塞状態の生保業界を打ち破る起爆剤として期待されています。その一方で、収益を追求するあまり、危険な行動に走るという不安も抱えています。

そこで、以下では業界の多くの人たちが興味を持つ生保の株式会社化について考えていくことにしましょう。

第2節　動き出した生保の株式会社化

(1) 生保を取り巻く厳しい経営環境

主要生保の決算からいくつかの特徴が見出されましたが、生保業界にとって最も関心の高い最近のテーマは、やはり第一生命の株式会社化です。業界第二位の生保による株式会社への転換、そして東京証券取引所への株式上場は他の生保にかなりの刺激を与えていると思われます。

主要生保ではすでに2002年に大同生命が、2003年に太陽生命が株式会社化し、2004年には太陽生命と大同生命はT＆Dホールディングスを設立し株式上場を果たしています。また、同じ2004年には三井生命が株式会社化しています。しかし、これらの生保に比べて第一生命の場合は規模の面から見ても桁違いの大きさです。

第一生命は社名に意味が込められていますように日本初の相互会社形態による生保会社でありました。しかし、昨年6月に総代会で株式会社化が承認され、2010年4月から新しい組織形態のもとで事業が展開されることになったのです。株主数は137万1,000人です。NTTの103万人を大幅に上回る巨大な株式会社が誕生したことになります。

株式会社化への転換を促したのはわが国の生保を取り巻く経済環境が激変しているからです。単身者や夫婦共働きの増加など社会環境の変化もあげられま

すが，やはり少子化による人口減少が最大の要因でしょう。

　もう少し正確に表現すれば15歳から64歳までの生産年齢人口の減少です。この状況を打開するのは極めて難しく，将来にわたって人口減少傾向は変わらないと思われます。

　こうした動きはヒトの経済保障をビジネスとする生保にとって逆風となっています。従来型のビジネスを変えながら，成長分野へ経営資源を向けていく必要があります。そのためには相互会社組織では限界があります。新しいビジネスモデルを迅速に展開するには株式会社化が必要なのです。

(2) 株式会社化のメリット

　そうした要求に応えてくれる株式会社化のメリットは何でしょうか。それは資金調達面で優れていることです。相互会社組織のもとでは剰余金の一部をコツコツと蓄積していかなければなりません。あるいは基金という形で資金を調達できますが，負債の性格を有しています。しかし，株式を発行すれば一気に大量の資金が調達できますし，返済の必要がありませんので経営の自由度がかなり高くなります。

　これにより新しいビジネスに向けた積極的な経営が繰り広げられます。生保はいつまでも国内に業務を限定するのではなく，人口増加の著しいアジアの新興国に向けてビジネスを進めていく必要があります。株式の発行が可能ならば，これらの動きを早めることができると思われます。

　さらに持株会社を設立することで，関連する子会社を傘下に置きながら組織全体を柔軟に動かすことができます。この仕組みは重要です。成長分野の会社を新たに作らずにM＆A戦略が展開できるからです。

　もし自前で必要な会社を作ろうとすれば，満足の行く形を整えるのにかなりの時間が掛かります。しかし，M＆Aを利用すれば，すぐに手に入りますので，まさに時間を買うのに相当する効果が発揮できます。

　このようにわが国を取り巻く厳しい経済環境を打開する即効薬として株式会

社化に注目し，それを取り入れる生保が次々と名乗りをあげているのが現状なのです。

第3節　株式会社と相互会社の相違点

(1) 米国生保の事情

　実際，生保の株式会社化はわが国だけでなく海外でも積極的に取り入れられています。米国に目を向ければ，すでに大手生保のプルデンシャルやメットライフが株式会社化を進め，上場も果たしています。それを梃子にしながらM＆Aを通して業務を急拡大させています。

　確かに競争に打ち勝つ手段として株式会社化は生保にとって有効に機能するように見えます。しかし，その一方で，行き過ぎると悲劇的な結果をもたらす負の側面も合わせ持っています。

　2008年9月のリーマン・ショックをきっかけに世界的な金融危機が発生しましたが，そのなかで生保の株式会社化に対する見方も大きく変わったようです。今までのような肯定的な見方だけでなく，否定的な見方に対しても注目されるようになったからです。

　それは株式会社の米国・大手保険会社のAIGがサブプライムローン関連の金融商品への投資等で巨額の損失を抱えたからです。株式会社の本来の目的であります利益の追求にあまりにものめり込んでしまったために，悲劇的な結果をもたらしてしまったのです。

　その反動からか，一部では金融危機の影響をあまり受けなかった相互会社組織の生保に対する見直しの機運も高まっています。相互会社の理念は相互扶助の精神にあります。利益の追求が前面に出ることはないのです。

(2) 統計分析による証明

　このように生保の株式会社化はポジティブな側面ばかりでなく，ネガティブな側面も合わせ持っています。それは株式会社組織に変更しますと，リターン

第1章 〈2010年〉 生保の株式会社化をめぐる期待と不安

（利益）の獲得に走るあまり，その反動としてリスク（危険）を冒す傾向が強まるからです。

そのことを相互会社組織と比較しながら整理したものが**図表1－2**です。相互会社では契約者が顧客であるとともに，総代会を通して経営に関与する存在となっています。

図表1－2　生保会社の組織形態

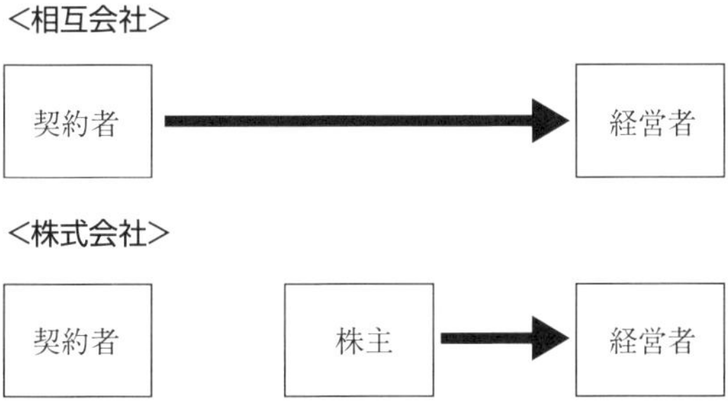

＜相互会社＞
契約者 → 経営者

＜株式会社＞
契約者　　株主 → 経営者

そのため，相互会社はリスクを冒してまで，契約者に負担を強いるような無謀な経営を繰り広げにくい性質を持っています。利益よりも安全を重視する傾向が強いのです。

それに対して株式会社ならば，利益の最大化を求める株主の意向がそのまま経営に反映されますので，たとえ破綻のリスクがあってもそのまま危険な行動を展開する恐れがあります。

したがって，株式会社・生保は相互会社・生保よりもハイリスク・ハイリターンの経営行動をとる傾向にあるだろうと推測できます。

このような「生保の組織形態と危険負担の命題」をアカデミックな立場から実証した論文としてYanase, Asai. and Lai（2008）があります。

ここでは1976年から1995年までのわが国の主要生保20社を対象に，ROEの期待値（リターン）と標準偏差（リスク）を組織形態ごとに求めています。対象生保20社の内訳は相互会社16社，株式会社4社です。

その計測結果を横軸にリターン，縦軸にリスクをとりながら組織形態別に図示したものが**図表1－3**です。これを見ますと，株式会社・生保は右上にあり

ますが、相互会社・生保は全く反対に左下に位置しています。

図表１−３　生保会社の組織形態と危険負担の関係

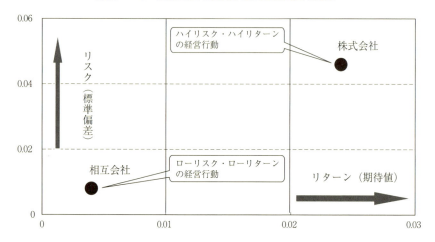

つまり、株式会社・生保のほうが相互会社・生保よりもハイリスク・ハイリターンの経営を推し進めていたことがわかります。まさに生保の組織形態と危険負担の命題が単純な記述統計から証明されたことになります。

もちろん、この計測方法で気になるところもあります。それは単に規模の大きさが影響した結果に過ぎないという解釈です。当時の株式会社・生保は相互会社・生保に比較して圧倒的に規模が小さかったので、ROEという収益性指標のブレも当然のことながら大きくなる傾向にあったからです。

確かに、そうした解釈も可能かもしれませんが、ここでは計測結果を素直に組織形態と危険負担の関係として把握しておくことにします。

第4節　株式会社・生保の失敗事例

(1) 大和生命の破綻

今、統計上のアプローチから切り込んできましたが、それよりも単純に株式会社・生保が危険な行動に走ったケースを具体的に取りあげるほうが、もっと

説得力があるかもしれません。

　その具体的事例として2008年10月に破綻した中堅生保の大和生命があげられます。1997年４月の日産生命から数えて，戦後，８社目の生保破綻です。

　大和生命はもともと相互会社組織の生保でした。しかし，2000年８月に破綻した大正生命の受け皿として設立されました株式会社のあざみ生命と合併し，2002年４月に大和生命保険株式会社が誕生したのです。当時，生保の株式会社化として注目を集めた合併会社でありました。

　大和生命の特徴は他の生保に比べてリスキーな投資姿勢にありました。運用資産のなかで有価証券の占める比率が高く，株式ばかりでなく株式投資信託，不動産投資信託なども保有していました。

　さらに，デリバティブや仕組み債など複雑な金融商品への投資が運用資産の30％を超えていました。まさにハイリスク・ハイリターンの投資姿勢を貫いていたのです。

　保険商品の平均予定利率は3.35％と高く，それを達成するために積極的な運用を展開していたのです。もちろん，そうした運用姿勢を後押ししていたのは経営そのものがリスクを恐れない方向へ進んでいったからです。

　そのことを裏付ける材料として経営者の存在が指摘できます。経営トップに君臨する社長は生保業界出身の人物ではなく，異色の大手証券社会からの出身者でありました。

　保険業界と証券業界では企業風土をはじめとして経営に対する姿勢など全く違っています。それにも関わらず，証券業界出身の人物が2005年６月にトップに立ったために，リスキーな経営方針に転じたと思われます。

　その結果が明確な形で現れたのがリーマン・ショックに端を発する世界的な金融危機でありました。大和生命はその影響をもろに受け，有価証券の急激な損失の拡大から破綻に追い込まれていったのです。

(2)　組織形態による負担の構図

　大和生命の破綻で，最大の犠牲者はやはり契約者でした。責任準備金は上限

の10％まで削減され，さらに新予定利率が１％に引き下げられ，保険金・給付金がかなり減額されたからです。また，旧大正生命の契約者は再破綻でありますので，２度にわたって減額が強いられることになりました。

一方，株主は有限責任ですので，株式が無価値になるだけです。だから，一か八か，大きな利益を求める誘因が株主に残されているのです。また，そうした株主の意向を反映して実行する経営者も失敗したら辞職すればいいだけです。

こうした危険な行動を誘発する構造を持った株式会社・生保のもとでは，最終的に契約者だけが大きな犠牲を強いられることになります。それに対して，相互会社・生保ならば直接的あるいは間接的に経営に対して自らの考えを多少なりとも反映できますので，危険な行動に歯止めをかける余地が残されています。

したがって，生保にとって株式会社あるいは相互会社という組織形態の相違は，危険負担の大きさにつながる重要な問題となっています。

(3) 罠に陥らないための工夫

生保の株式会社化には積極的な経営を促すプラスの要因がありますが，利益をあまりにも優先するために，最悪の場合，契約者にかなりの犠牲を強いるマイナスの要因も合わせ持っています。

だからといって相互会社のほうが安全確実な組織形態であると決めつけるわけにもいきません。すでに相互会社・生保が破綻しているうえ，人口減少時代に入った今，新しい動きに転じない限り，現在の地位を確保するのも難しいからです。

やはり，潜在的に厄介な問題を抱えているかもしれませんが，株式会社は相互会社にない魅力を持っています。生保の株式会社化が罠に陥らないためには，一般企業と同様にガバナンス機能を十分に発揮し，経営を絶えずチェックする仕組みが必要不可欠です。そうすれば，無理な経営に突き進むことはないであろうと思われます。

第2章

〈2011年〉
生保業界の活性化策を求めて

第1節　2011年3月期決算の発表

(1) 震災の影響

　主要生保の2011年3月期決算が発表されました。同年3月11日に発生した東日本大震災の影響が生保経営に予想外のダメージを与えたようです。

　震災の保険金支払い費用が約1,900億円に達したうえ，東京電力の株式を大量に保有している生保が規模の大きな損失を抱え込んでしまったからです。

　長い期間にわたって悩まされ続けてきた逆ざやも対前年度比でようやく半減化したように見えましたが，今回の大震災で打ち消された格好になってしまいました。

　図表2－1はそうした主要生保の代表的な経営指標をまとめたものです。まず，保険料等収入を見ますと，伸びている生保と低迷している生保に分かれているのに気づきます。

　二極化が生じた原因を探っていきますと，販売チャネルの相違にあるようです。売り上げを伸ばしている生保は伝統的な営業職員による販売だけでなく，銀行窓口といった別の販売チャネルも積極的に活用しているからです。

　それに対して基礎利益は多くの生保が前年度に比べて減らしています。それは震災関連負担の項目からも想像できますように予想外の損失が直接的に影響したからです。

　また，震災による突然の株価下落という特殊な要因もかなり影響しました。そのため最終損益であります税引き後利益を減らしている生保が多いです。

　今回の決算では震災関連のほかに，新基準によるソルベンシーマージン（保険金支払余力＝SM）比率の発表も注目されました。もちろん，現行基準のSM比率も同時に発表されています。

　厳しい基準に従って計算された新基準のSM比率はあくまでも参考値に過ぎません。しかし，2012年3月期からは完全に導入されますので，現行基準に基づく数値と比較してどれほどの乖離が生じるかに注目が集まりました。

図表2－1　主要生保の2011年3月期決算

		保険料等収入		基礎利益		震災関連負担	税引き後利益		ソルベンシーマージン比率	
			増減率		増減率			増減率	新基準	現行基準
国内	日本	48,964	1.6	5,163	2.2	426	2,317	▲8.0	529.1	966.2
	明治安田	39,446	20.2	3,105	6.5	295	1,397	▲2.6	663.6	1,156.8
	第一	33,082	▲10.6	2,735	▲27.6	305	191	▲65.6	547.7	983.9
	住友	30,030	▲2.0	2,652	▲31.4	273	1,103	1.6	636.5	1,002.2
	T&D	14,742	▲22.3	1,077	▲17.8	170	238	▲1.7	－	－
	大同	7,171	▲16.7	621	6.0	118	160	▲20.8	720.6	1,237.2
	太陽	7,179	0.6	504	▲1.0	49	125	▲13.4	670.8	1,229.7
	富国	12,108	31.6	690	▲4.0	57	415	58.9	668.4	1,088.3
	ソニー	7,780	9.9	547	▲14.4	59	402	▲12.8	1,720.0	2,900.1
	三井	6,572	2.6	129	▲72.9	34	137	199.0	423.0	704.8
	朝日	5,318	4.3	207	▲17.0	50	440	31.5	361.2	602.6
外資	プルデンシャル	15,990	10.6	1,355	▲7.5	67	646	▲28.8	656.8	1,120.0
	アフラック	13,707	11.3	1,658	5.0	16	137	▲66.5	512.2	919.3
	アリコ	12,941	▲1.8	1,135	▲5.8	37～54	691	42.6	868.0	1,462.5
	アクサ	6,338	▲9.6	434	▲19.9	106	914	74.8	608.4	1,042.1

（注）　単位：億円，%。▲印はマイナスを意味します。

　両者を比較しますと，数値にかなりの開きが生じています。このことから新基準による計算方法の厳しさが実感できます。それでも，どの主要生保を見ても経営改善の指示が金融庁から出される200%の水準を十分に上回っています。

(2) 認識された保険の役割

　東日本大震災はわが国の観測史上最大のマグニチュード9.0を記録しました。これにより予想外の保険金支払額の急増から生保経営そのものに不安を感じた人もいたかもしれません。

　しかし，損保業界の2兆3,000億円超の震災関連の保険金支払いに比べれば生保の支払額はかなり小さいです。それゆえ，震災の影響は生保経営そのものを大きく揺るがすようなものではなかったことがわかります。

実際，先ほどの税引き後利益を見ても最終的に赤字に陥った主要生保は1社も現れませんでした。震災は生保にある程度のダメージを与えたのは事実ですが，十分に吸収できる範囲内のものであったのです。

　保険会社は生保であれ損保であれ，あらゆるリスクを想定し，そのための準備金を積み立てています。だから，保険金を約束通り支払うことができるのです。

　今回の震災は保険会社の経営に不安を覚えるといったマイナスの側面よりも，むしろ，保険会社が果たす保障機能というプラスの側面が十分に認識された出来事と思われます。

　しかしながら，わが国の生保業界を長期的視点から眺めますと，そう安心できるものではありません。なぜなら，かつてのような勢いが全く感じられないからです。

　それぞれの生保は独自の戦略を練ったりしていますが，なかなか功を奏しているようには見えません。そこで，まさに閉塞状態に陥った生保業界の現状を眺めながら，将来の打開策をこれから探ってみることにしたいと思います。

第2節　苦戦する株式会社・生保

(1) 低迷する生保の株価

　決算を見て誰もが感じるのはわが国の生保業界が完全に成長期を過ぎ，成熟期に突入したということでしょう。保険料等収入は1年前に比べてわずかに増加していますが，過去の成長期を彷彿させるような勢いは全く感じられません。

　少子高齢化が進行する限り，そうした現象は生保業界の宿命と捉える人もいるかもしれません。しかし，わが国の生保業界の発展そして日本の将来を考えれば，この閉塞状態を安易に容認するわけにはいきません。

　その打開策として人々の注目を集めたのが生保の株式会社化でした。相互会社組織のままでは円滑な資金調達が難しいうえ，M＆A（合併・買収）も進みにくいです。

株式会社ならばこれらの問題を克服し易いです。特に海外の保険市場をターゲットにしたM＆A戦略は株式会社化のメリットを十分に活かせると大いに期待されました。

　国内の生保事業が頭打ち状態にありますので，海外業務に力を注がなければ成長は難しいです。そうした要求から2010年4月に株式会社化と上場を同時に果たしたのが，当時，業界第2位の第一生命でした。

　しかし，1年間だけを見る限りではM＆Aは思うように進まず，投資家の予想を裏切るような結果に終わっています。

　実際，今回の決算では保険料等収入でも陰りが見えます。長期間にわたって守り続けてきた業界第2位の座を明治安田生命に譲り渡してしまったからです。60年ぶりの第3位への転落です。

　堅固な成長戦略がしっかりと描けていれば保険料等収入だけでなく，株価も確実に上昇します。しかし，それが曖昧なために思うような動きが展開できずに苦しんでいるのです。

　1年間の株価の動きを追いますと，第一生命は2010年4月1日に上場し，翌日の4月2日に上場来高値の16万8800円を付けています。そこから下がり続け，8月から11月にかけて10万円を割り込んでしまいました。その後，値を戻していますが，低迷状態が依然として続いています。

　図表2－2はそうした第一生命の株価の動きを日経平均と比較しながら示したものです。また，すでに株式会社化と上場を果たしているＴ＆Ｄホールディングスの株価も並べられています。

　ここでは2010年4月の株価をそれぞれ100と置き，2011年3月までの動きを月次で示しています。100を上回れば株価は4月時点よりも上昇し，それを下回れば下落していることになります。

　この図を見るとわかりますように，第一生命の株価は日経平均とほぼ同じような動きをしています。それはＴ＆Ｄの株価も全く同様です。

　日経平均が年度の前半にかけて下降局面に入りますと2生保の株価も同じように下がっています。また，後半の上昇局面に入りますと元の水準に戻るよう

に上がっています。

しかも、生保の株価は2社とも下落率が日経平均よりも大きいです。このことは気になるところでもあります。

株式会社化を全面的に支持する人達から見れば、生保の株価は日経平均に左右されず、上昇し続けることを期待したかもしれません。残念ながら過去1年間だけを見る限りではそのような動きが展開できていないのが現状です。

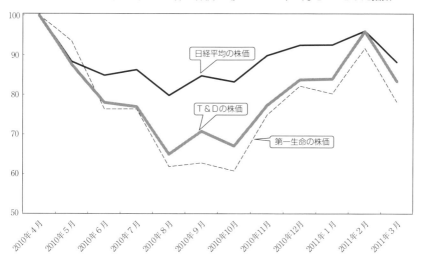

図表2-2　日経平均と2生保の株価の動き－2010年4月を100とした指数－

(2) 裏目に出たリスク負担の経営

決算の特徴として基礎利益を減らしている生保が目立ちますが、そのなかで利益を増やす生保と逆に減らす生保の二極化の姿も捉えられます。

震災の影響から全体的に基礎利益の減少傾向が見られますが、この特殊要因を取り除けば、二極化の姿が一層明確に浮かびあがってきます。このことは震災前に発表された2010年4～12月期決算からも確認できます。

二極化は販売戦略の相違が収益に反映された結果のようです。利益を伸ばした生保の一部は伝統的な終身保険に力点を置いていますが、損失を被った生保のほとんどは年金保険を積極的に販売しています。

年金保険は一定の利回りを保証するか否かで，定額年金と変額年金の2種類に分けられます。定額年金は利回りを保証しますが，変額年金はそれを保証しない商品です。そのため定額年金は運用リスクを生保が負いますが，変額年金は契約者が負うことになります。
　ところが，変額年金でも元本保証型変額年金が積極的に販売されたため，生保自身が株安による運用損失を被ってしまったのです。保険料等収入が増えているにも関わらず，基礎利益が減っている生保はこうした種類の年金保険を銀行の窓口販売で伸ばしたからです。
　確かに元本保証型ならば運用に失敗すれば生保は損失を被りますが，逆に成功すれば利益をもたらす側面も併せ持っています。その意味ではリスクを伴いながらもリターンが狙える保険商品といえます。
　決算で基礎利益をかなり減らしている生保は，元本保証型変額年金の販売が期待とは裏腹に重荷になったためです。日経平均の株価下落を見てもわかりますように，このタイプの保険商品に依存した生保は不幸にも株式の運用損失を発生させてしまったのです。
　基礎利益を大幅に減らした生保の多くが元本保証型変額年金に力を注いでいましたが，株式会社で上場会社の第一生命そしてＴ＆Ｄもそうしたタイプの代表的な生保でした。
　また，非上場会社ですが，第一生命より前に株式会社化した三井生命も元本保証型変額年金で損失が発生し，基礎利益をかなり減らしています。
　たった3社だけで判断するのは早計かもしれませんが，株式会社組織であるために利益を追求した成長戦略が期待を裏切る結果を生み出したように見えます。
　なぜなら，株式会社の最大の使命は株主に最大の利益をもたらすことであり，そのためにはリスク負担の経営を貫かざるを得ないからです。
　それに対して，相互会社の堅持を表明する最大手の日本生命や富国生命は，それら株式会社・三生保と全く対照的です。元本保証型変額年金を取り扱っていないのです。

こうした姿を見ますと，昨年とは打って変わり，生保の株式会社化に対する悲観的な見方が盛り返すかもしれません。しかし，あくまでも１年間を観察しただけの結果です。組織形態の議論は長期的な視点からながめることも忘れてはなりません。

第３節　ソルベンシーマージン比率対策の功罪

(1)　資本規制強化の影響

資産運用の見直しも今回の生保決算の特徴としてあげることができます。2012年３月期から資本規制が強化されますので，生保はすでにその対策を確実に推し進めています。

先ほども触れましたように財務の健全性を示す保険会社特有の指標としてソルベンシーマージン（SM）比率があります。今回の決算では現行基準のほかに，１年早く新基準のSM比率も発表されています。

この指標は分母にあらゆる種類のリスクを取り，分子に実質的な自己資本を取ることで割合を求め，200％以上あれば健全と判断します。

もし，それを下回れば監督機関の金融庁から経営改善計画の提出が求められます。ところが，2000年10月に連続破綻した千代田生命と協栄生命，そして2001年３月に破綻した東京生命は直近の比率が200％を超えていました。

また，最近では2008年10月にリーマンショックの影響をもろに受けて破綻した大和生命も同じように200％を超えていました。

これでは契約者からの信頼はなかなか得られにくいです。そのため，リスクの算出方法の厳格化が求められたのです。

そこで，財務基盤を強化し新基準に対応するため，生保各社は内部留保や基金を積み増したり，あるいは永久劣後債を発行することで資本を拡充しています。

さらに生保は資産運用の構成も大幅に見直しています。SM比率の新たな算出方法では国内株式の保有リスクが従来の基準よりも高めに設定されるからで

す。そのため，総資産に占める株式の割合を引き下げる傾向にあります。

すでに5年前に厳格な基準を作成するための検討会が監督機関のなかで設けられましたが，その頃と比較しますと，主要生保が保有する株式の割合はほぼ半減しています。生保は新基準に向けて着実に先回りし，株式を売却しているのがわかります。

それに代わって株式売却の受け皿として保有を増やしているのが国債を中心とする債券です。銀行をはじめとする金融機関は優良な貸出先を見つけるのが難しいです。そこで，消去法から運用資産としてあまり魅力的に思われないかもしれませんが，国債を大量に購入しているのです。

しかし，生保の国債購入はそうした理由のほかにSM比率の計算方法もかなり影響しています。

(2) 資本規制の潜在的リスク

このように生保は資本規制の強化に対応して株式の売却に走っています。確かにそれはSM比率の低下を食い止める有効な手段のように見えるかもしれません。しかしながら，冷静に考えれば，「プロシクリカリティ（景気循環増幅効果）」の問題を孕んだ危険な行為でもあります。

生保がSM比率を意識してリスク性の高い株式を積極的に売却したとしましょう。株価は下落し，そのことは他の株価にも悪影響を及ぼし，景気そのものを悪化させます。

そうすると，株価はさらに下落しますので生保の財務健全性も下がり，再び保有株を売却し始めます。こうした負のスパイラルは生保にとっても日本経済にとっても好ましいことではありません。

一方，保有株の売却で発生した資金を国債等の債券へ回すことでSM比率の低下が防止できるように見えるかもしれませんが，これも危険な要素を孕んでいます。

国債等はリスクの算出方法で株式よりも有利ですが，運用収益という点では決して魅力的な投資対象ではありません。低利回りのまま債券を保有し続けれ

ば，逆ざやが再び拡大する恐れがあります。

　わが国の国債残高はかなりの金額まで積み上がり，格付けも引き下げられています。財政赤字削減の目途が立たない状況のもとでは，国債の暴落が発生するかもしれません。

　そうした危機的状況に陥らなくても，国債価格の下落は間違いなく進行するでしょう。その時，大量に国債を保有する生保は時価会計のもとで財務力を著しく傷つけられることになります。

　こうして見ていきますと，資本規制の強化に従って株式の売却から国債の買入に向かう動きは，必ずしもリスク回避の行動とはいえないかもしれません。

第4節　期待される生保の活性化策

　今日の生保業界は保険商品の売上などを見てもかつてのような勢いが感じられません。また，資産運用の好転もなかなか進みません。さらに海外事業の拡充も時間が掛かるうえ，株式会社化も当初の思惑と違ってすぐにはメリットが出せない状態にあります。

　少子高齢化が日本経済に重くのしかかり，従来のビジネスモデルを踏襲する限り，生保業界に成長は望めないように思えます。何か新しい材料を見つけ出す必要があります。

(1)　生存保険の販売

　例えば，純粋の生存保険の販売はいかがでしょうか。わが国では死亡リスクに対応した定期保険，それに貯蓄機能が加わった終身保険や養老保険が中心です。

　どれも主に死亡保障を提供する生保商品です。ところが，日本の生保市場には純粋の生存保険がないに等しいのが現状です。

　若い世代が中心の時代ならば伝統的な保障重視の生保商品でよかったでしょう。しかし，年齢構成が著しく変化し，高齢世代のウエイトが高まる時代には

かなり馴染みにくいです。

　現代の人々は死亡リスクよりも長生きリスクを解消する生保商品を求めています。一定期間まで生きた場合に保険金が支払われる生存保険は，少子高齢化に悩む日本経済にとって必要と思われます。

　とりわけ，公的年金の支給に不安を感じている人ならば，生存保険は一層魅力的に見えます。支給額の削減や開始年齢の引き上げが実行された場合，それを埋め合わせる何らかの手段がなければ人々の生活は安定しません。

　その意味からも純粋の生存保険の販売という新しい領域に踏み込んでもいいのではないでしょうか。

(2)　流通市場の開設

　活性化のもうひとつの提案は生保商品を対象とした流通市場の開設です。欧米ではすでに保険の転売市場が存在し，ライフセトルメント市場と呼ばれています。

　わが国の場合，保険商品の発行市場はあっても，既存の保険商品を売買する流通市場がありません。若い頃に契約した生保商品も年とともにニーズが薄れていきます。しかし，売却しようにも転売市場がないため，わずかな金額しか戻らない解約という方法しかないのです。

　ライフセトルメント市場ならば解約返戻金よりも高い価格で投資家に買い取ってもらえるうえ，投資家は株式や債券よりも高く，しかも景気の変動を受けにくい安定的な利回りが得られます。

　契約者にとっても投資家にとっても魅力的です。さらに，生保業界にとっても流動性機能が加わることから販売面でもプラスの効果が期待できます。

　こうしたメリットに注目しますと，新しい試みを行ってみてもよいのではないでしょうか。

第3章

〈2012年〉
ソルベンシーマージン比率の見直しと生保の株式投資行動

第3章 〈2012年〉 ソルベンシーマージン比率の見直しと生保の株式投資行動

第1節　2012年3月期決算の発表

(1) 保険料等収入と基礎利益

　主要生保の2012年3月期決算が発表されました。生保経営にとって歓迎すべき増収・増益が目立つ好決算となりました。

　図表3－1は主要生保の代表的な3種類の経営指標を並べたものです。成長性，収益性，そして健全性を示す指標です。

図表3－1　主要生保の2012年3月期決算

			保険料等収入	対前期比増減率	基礎利益	対前期比増減率	ソルベンシーマージン比率	2011年3月期
国内	日　本	（相）	53,682	9.6	5,443	5.4	567.0	529.1
	明治安田	（相）	51,840	31.4	3,709	19.5	749.6	663.6
	第　一		34,046	2.9	3,199	17.0	575.9	547.7
	住　友	（相）	25,943	▲13.6	3,318	25.1	708.6	636.5
	T&D		16,912	14.7	1,449	34.5	-	-
		大同	7,202	0.4	824	32.6	851.9	720.6
		太陽	9,034	25.8	575	14.2	747.3	670.8
	富　国	（相）	9,509	▲21.5	731	5.9	741.1	668.4
	ソニー		8,161	5.9	716	27.3	1,980.4	1,720.0
	三　井		5,826	▲11.3	300	131.5	486.7	425.8
	朝　日	（相）	5,056	▲4.9	285	37.9	426.6	361.2
外資	プルデンシャル		18,016	12.7	1,188	▲12.3	720.6	702.8
	アフラック		17,535	27.9	2,028	22.3	609.6	512.2
	メットライフアリコ		15,721	21.5	1,535	35.3	847.2	868.0
	アクサ		6,677	5.3	656	51.1	599.5	608.4

（注）　単位：億円，％。▲はマイナス，（相）は相互会社，2011年3月期のソルベンシーマージン比率は新基準の数値を表します。

　このうち成長性指標の保険料等収入を見ますと，業界内のランキングも過去に比べてわずかながら若干の変動が読み取れます。その象徴として首位の日本

生命と第2位の明治安田生命の距離がかなり縮まりつつあります。

　各社とも増収傾向にありますが，これは東日本大震災による保険ニーズの高まりが多少なりとも影響しているようです。実際に東北地域での保険契約の増大が報告されています。

　しかし，それよりも利率が他の金融商品に比べて相対的に有利で，一括で払い込める一時払い終身保険の伸び率のほうが保険料等収入の動きを決定づけているようです。まさに保障型保険商品から貯蓄型保険商品に関心が着実に移っています。

　それゆえ，保険料等収入の伸び率が高い生保は主に一時払い終身保険の販売が銀行窓口で好調であったためです。それに対して低迷気味の生保は逆ざやリスクを懸念して，その商品の販売を抑えたことが影響しています。

　続いて本業の儲けに相当する収益性指標の基礎利益を見ますと，1社を除き，ほぼすべてが増益です。これはいくつかの特殊要因が関係しています。株価上昇による含み益だけでなく，東日本大震災の保険金支払額が想定した金額よりも少なかったために発生した戻り益も増益に貢献しています。

　また，運用環境が多少なりとも改善し，保有する債券ならびに株式からの利息・配当金といったインカムゲインが増えたことも影響しています。このことは今まで生保業界を苦しめてきた逆ざや問題を解消に導く好材料ともなっています。

　実際，多くの生保が逆ざやを縮小させ，なかには順ざやに転換した生保も見られます。日本生命はすでに逆ざや問題を解消し，2期連続の順ざやです。また，明治安田生命は20年ぶりに逆ざやを解消しました。

(2)　新SM比率の導入

　次に保険会社の代表的な健全性指標でありますソルベンシーマージン（SM＝支払余力）比率を見ますと，最低基準の200％をすべての生保が満たしています。しかも，この基準をかなり上回っています。そのため，保険金支払いの経営体力は十分に備わっていると判断できます。

第3章 〈2012年〉 ソルベンシーマージン比率の見直しと生保の株式投資行動

　今回の決算から新たに改定されたSM比率が各生保に課されるようになりました。厳格化された数値はすでに1年前の決算でも発表されていますが，それはあくまでも参考値に過ぎませんでした。今回の決算からは早期是正措置の対象として適用されますので，保険関係者にとって注目の指標となっています。

　結果を見ますと，十分なだけの数値を確保しています。また，1年前の新基準に基づく数値と比較しても増大しています。したがって，健全性指標もほぼ良好な結果をもたらしています。

　新SM比率は従来の計算式に比べて，株式を多く保有するほど価格変動リスクの上昇から数値が大幅に低下するように改定されました。そのため，各生保はSM比率対策として事前に株式の売却に走っていると新聞などでしばしば報道されています。

　確かにすべての生保を対象にした総資産の株式保有割合を調べますと，規制強化の議論が始まる直前の2005年度から半減しています。

　しかし，ここでの株式保有額は時価表示なので，売買を一切していなくても，日経平均株価が下落すれば，自ずと低下します。これでは必ずしも生保がSM対策として株式を手放しているとはいえません。

　あるいは純投資の立場から株式をとらえますと，相場が低迷する時期に保有比率が下がるのは当然のことです。むしろ合理的な行動とも解釈できます。

　そこで，以下では本当にSM対策の有効な手段として生保が株式を売却しているかどうかを検証したいと思います。この問題は生保の財務力を探るだけでなく，経営の総合力といった幅広い観点からも関心のあるテーマと考えられます。

第2節　関心が高まるソルベンシーマージン比率

(1) 金融庁による見直しの経緯

　生保の財務力について人々の強い関心が集まり始めたのは，恐らく1997年4月の日産生命による戦後初の生保破綻からでしょう。生保も一般企業と同様に

経営内容が悪化しますと破綻するのです。

それを知った人々は生保の健全性に注目するようになりました。その要求に応えるかのように導入されたのがSM比率でした。

一般の人にとってもSM比率は極めて利用し易い指標です。なぜなら，専門的知識がなくても，この数値が200％以上あれば安心できる生保と，すぐに判断できるからです。

ところが，2000年10月に破綻した千代田生命と協栄生命，そして2001年3月に破綻した東京生命は直前の決算によりますと，SM比率が判断基準の200％を超えていました。

これではSM比率そのものの存在意義を失ってしまいます。そのため，金融庁はSM比率の信頼性を高めようと様々な改正案を打ち出してきました。

なかでも2007年4月3日に金融庁から発表されました「報告書」（「ソルベンシーマージン比率の算出基準等について」）は，かなりの修正を目指したものでした。

ここでは広範囲にわたって修正すべき点が明示されていますが，大雑把に分けて2つの視点からSM比率の見直しが指摘されています。ひとつは短期的見直しとしての「リスク係数の引き上げ」です。もうひとつは中期的見直しとしての「経済価値ベースによる評価」です。

このうち純資産に注目する経済価値ベースへの移行は国際的な動向を観察しながら，ある程度の時間を掛けて検討しなければなりません。そのため，短期的見直しのリスク係数の引き上げに向けて具体的な改善策が打ち出されてきました。

翌年の2008年2月7日には「ソルベンシーマージン比率の見直しの骨子（案）」が金融庁から発表され，広範囲にわたるSM比率の短期的見直し案が具体的に示されました。

そのなかに国内株式等のリスク資産を対象にした項目が取りあげられています。さらに，資産価格の変動による元本割れリスクに相当する価格変動リスクについて計算方法の変更がまとめられています。

第3章 〈2012年〉 ソルベンシーマージン比率の見直しと生保の株式投資行動

　従来の計算方法では確率分布のグラフに基づきながら，90％の事象をカバーする最低収益率と収益率ゼロ（元本）との差をリスク係数としていました。それを95％の事象をカバーする最低収益率との差に変更しているのです。これにより価格変動リスクが大幅に見積もられることになりました。
　ところが，2008年10月10日に中堅生保の大和生命が突如として破綻しました。そのため，骨子案を部分的に修正せざるを得なくなりました。なぜなら，大和生命の直近のSM比率は200％をはるかに上回る555％であったからです。
　金融庁は大和生命の破綻を教訓にしながら，2009年8月28日に「ソルベンシーマージン比率の見直しの改定骨子（案）」を発表しています。そこではSM比率の計算方法をさらに厳格なものに修正しています。
　例えば，株式投資に関連する項目として有価証券の含み損が中核的支払余力を引き下げますが，そのことが新たな制約となってSM比率を引き下げる仕組みが導入されました。ただし，価格変動リスクの見積もりについてはそれ以前と変わりません。最低収益率の信頼水準は90％から95％に引き上げたままです。
　こうしてSM比率の短期的見直しが2度にわたって連続的に発表されました。先ほども指摘しましたように2011年3月期決算では参考指標として算出されました。今回の決算からは早期是正措置の判断材料として適用されることも明らかにされました。
　これにより200％を下回る生保が現れれば，金融庁に経営改善計画を提出しなければなりません。

(2) 価格変動リスクの扱い

　そうならないためにも生保は期限までに有効なSM対策をとる必要があります。そこで，にわかに注目を集めているのが国内株式の保有による価格変動リスクの扱いです。
　わが国の主要生保は機関投資家として果たさなければならない純投資のほかに，関連企業とのつながりを深める手段としても株式を保有しています。いわゆる，政策投資としての株式保有です。

しかし，大量の株式を保有したままの状態でありますと，新しい計算方法からSM比率が大幅に下がってしまいます。行政介入基準値の200％を下回るといった最悪の事態は絶対に回避しなければなりません。

たとえ基準値を十分に上回っていたとしてもSM比率が大幅に下がれば，契約者をはじめとする様々な関係者に不安を抱かせる恐れがあります。

そうした懸念を払拭するには保有株を売却し，価格変動リスクを引き下げる必要があります。新聞紙上では具体的な数値を示しながら，SM比率の計算方法の見直しが議論された頃から今日に至るまで生保は国内株式を売却し，SM比率対策に動いていると報じています。

ただ，ここで注意しなければならないのは新聞などで取りあげた保有株のデータは決算時に発表された数値です。それは時価で評価されたものです。

もし，生保がSM対策として株式の売却に走っていると主張するならば，時価ではなく，簿価で判断しなければならないでしょう。

なぜなら，先ほども触れましたように時価ならば株式を売却しなくても，株価そのものが下落すれば保有株の金額も下がるからです。

これでは必ずしも株式を売却したとはいえません。ましてSM対策を実施しているとはいえないでしょう。やはり，簿価に置き直さない限り，生保の株式投資行動は正確に判断できません。

そこで，これから実際に過去の決算データから保有株の簿価を推定し，その動きを正確に追っていきます。これによりマスコミなどで報道されているようなSM対策としての株式売却が実際に行われているかどうかが解明されると思われます。

第3節　生保の株式投資の目的

(1)　曖昧なSM対策としての株式売却

生保の株式投資行動を見る場合，一般的に年度末の決算で発表される総資産と株式時価から株式保有割合を求めたりします。あるいは株式時価の対前期比

第3章 〈2012年〉 ソルベンシーマージン比率の見直しと生保の株式投資行動

増減率を追うアプローチもとられたりします。

しかし，真実の株式投資行動を見ようとするには，簿価で表記した株式保有額に置き直して計算しなければなりません。しかも，簿価の株式保有額が連続的に減ってこそ，はじめて株式売却によるSM対策が証明されたことになります。そこで，株式簿価を求めるため，株式時価から含み損益を差し引くことにします。

図表3－2は国内主要生保9社（日本，第一，明治安田，住友，三井，朝日，太陽，大同，富国）の合計値に基づきながら，生保の関連する財務データを並べたものです。観察期間は金融庁による研究会が始まる直前の05年度から10年度までの6年間です。

図表3－2　国内主要生保9社を対象にした財務データ

(1) 財務データ＜1＞	05年度	06年度	07年度	08年度	09年度	10年度
総資産	165,011,629	168,795,965	160,349,911	152,133,136	157,630,549	161,222,002
株式時価	29,839,573	31,179,444	23,057,779	15,182,637	18,153,136	15,599,174
株式時価の対前期比増減率	39.1	4.5	▲ 26.0	▲ 34.2	19.6	▲ 14.1
株式保有割合	18.1	18.5	14.4	10.0	11.5	9.7

(2) 財務データ＜2＞	05年度	06年度	07年度	08年度	09年度	10年度
株式含み損益	13,699,576	14,728,206	6,879,112	542,293	3,493,758	2,399,644
株式簿価（推定）	16,139,997	16,451,238	16,178,667	14,640,344	14,659,378	13,199,530
株式簿価の対前期比増減率	5.1	1.9	▲ 1.7	▲ 9.5	0.1	▲ 10.0

(3) 財務データ＜3＞	05年度	06年度	07年度	08年度	09年度	10年度
SM比率	1,037.4	1,145.4	1,014.0	832.1	964.9	996.9
SM比率の対前期増減	194.9	108.0	▲ 131.4	▲ 181.9	132.8	31.9
基金等	2,420,780	2,630,780	2,680,780	2,725,780	2,840,780	2,810,980
基金等の対前期比増減率	8.5	8.7	1.9	1.7	4.2	▲ 1.0

（注1）　それぞれのデータは生保9社（日本，第一，明治安田，住友，三井，朝日，太陽，大同，富国）の合計です。ただし，SM比率は生保9社の単純平均値です。
（注2）　単位：百万円，％，▲はマイナス。

このなかから時価で評価された株式保有割合を見ますと、6年間で半分も減っているのが確認できます。新聞などではこの数値に基づきながら、生保による株式売却を盛んに報道しています。
　しかしながら、株式時価そのものの対前期比増減率はすべての期間でマイナスではありません。このことから生保は一貫して株式売却に向かっているわけではないことががわかります（**図表3-2・財務データ＜1＞**参照）。
　そうしますと、生保による株式売却報道に誇張があるようにも感じます。しかし、これだけでは不十分なので、さらに分析を進め、生保の株式簿価を含み損益から推定し、その対前期比増減率を求めてみることにします。これにより生保の真実の株式投資行動が見えてくると思われます。
　その結果を見ますと、やはり株式時価の場合と同じようにプラスの期間とマイナスの期間が混ざり合っています。しかも、変動幅は株式簿価のほうがはるかに小さいです（**図表3-2・財務データ＜2＞**参照）。
　もし、生保が価格変動リスクの抑制から株式売却に向かっているならば、株式簿価の対前期比増減率は毎年マイナスで、数値の幅が増大しても不思議ではないでしょう。ところが、ここではそのような現象を肯定する結果が出ていません。
　また、別のアプローチを採用してもSM対策としての株式の姿が見い出せません。**図表3-3**はそのために描かれたものです。05年度から10年度までを対象に、SM比率の対前期増減と株式簿価の対前期比増減率が相関図として示されています。
　たった6個のデータしかありませんが、全体的に眺めますと、両者の間にはほぼ正の相関が成立しているようです。この関係はSM対策としての株式投資行動と矛盾した結果になります。
　なぜなら、価格変動リスクを抑える手段として株式をとらえますと、両者の間に負の相関が描かれてこそ、はじめて財務の健全性を意識した株式投資行動といえるからです。

第3章 〈2012年〉 ソルベンシーマージン比率の見直しと生保の株式投資行動

図表3－3　株式簿価とSM比率の相関図

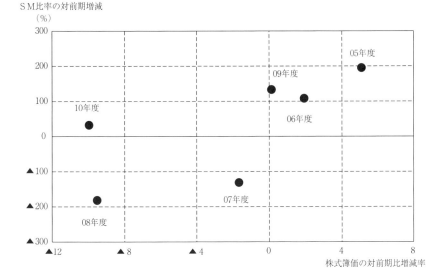

(2) 基金の積み増し

　それでは生保はどのような形でSM比率の見直しに対応しているのでしょうか。それは基金の積み増しという極めてオーソドックスな手段で、問題を解決しようとしています。実際、データから確認できますように基金額は年度ごとにほぼ確実に積み上がっています。(**図表3－2・財務データ＜3＞参照**)

　もちろん、基金額が増大することで、価格変動リスクだけでなく、生保に関わる様々なリスクが吸収可能となります。それゆえ、生保は短期的視点だけでなく、中期的視点からも健全性対策に向かっているように見えます。

　すでに触れましたように金融庁の「報告書」では短期的取組みと中期的取組みの2段階に分けて提言がまとめられています。このうち価格変動リスクの引き上げへの対応は短期的見直しに向けた取り組みに相当します。

　それに対して中期的取組みとは国際的な動向の保険負債の時価評価を意識した行動です。資産側だけでなく負債側も時価で評価しますと、金利の動きに

よって両者の差額の純資産が大きく変動します。最悪の場合，破綻を意味するマイナスに陥る恐れがあります。

そうした問題を解消するには資産と負債の満期を調整するALM（資産負債総合管理）の開発を目指さなければなりません。そのために生保は負債の満期に合わせるように超長期の国債を積極的に購入したりしているのです。

ところが，生保特有の超長期の負債に一致させるほどの満期を持つ国債は存在しません。あってもそれは不十分な量しかありません。資産と負債の満期を完全に調整するのは不可能な状態にあります。

そこで，基金の積み増しにより外部から資金を注入することで純資産を膨らませる方法を採用しているのです。これによりSM比率の見直しだけでなく，生保を取り巻く種々のリスクを吸収できる体制を整えようとしています。

第4節　純投資としての株式保有

振り返ってみますと，過去の生保は長きにわたって株式を政策投資として位置づけてきました。つまり，保険契約に結び付けるための手段として，相手企業の株式を持ち続けてきたのです。

しかし，今では時価会計の導入から株価が下落すれば損失が発生します。それゆえ，むやみに株式を保有する行動は控え，株価上昇の見込みがなければ相手企業の理解を得ながらも売却に向かう傾向にあります。

すなわち，今日の生保にとって株式は純粋の投資対象です。そこから期待されるのは高い収益率にあります。したがいまして，株価上昇が見込めれば積極的に株式の保有を高めていくと思います。

ところが，日本経済は長期低迷状態からなかなか脱却できない状態にあります。そのため収益率が下がり，国内株の魅力が失われつつあります。生保が国内株を増やそうとしないのはSM対策というよりも，純投資といった視点から経営判断を下しているように見えます。

機関投資家でもある生保は契約者から預かった資金をできる限り大きな利益

を生み出すように効率的に運用しなければなりません。その運用益は配当として契約者に還元されますが，一部は内部留保にとどまり，SM比率そのものを高めます。

　今日の運用環境下では株式にウエイトを置くのは難しいです。しかし，近い将来，高い収益が望めるような恵まれた運用環境に戻れば，株式投資は収益性だけでなく健全性にも貢献するでしょう。

　今は負の側面が強調され，価格変動リスクから株式をSM比率の引き下げ要因としてとらえがちです。しかし，運用環境が好転すれば，別の見方が生保関係者の間に浸透します。その時は株式のウエイトが今よりも高まっていると思われます。

第4章

〈2013年 ①〉
生保の資産側デュレーションの長期化戦略

第4章 〈2013年 ①〉 生保の資産側デュレーションの長期化戦略

第1節　2013年3月期決算の発表

(1) 増益基調の主要生保

主要生保の2013年3月期決算が発表されました。安倍政権の経済政策でありますアベノミクスは生保にとっても追い風になったようです。

政権交代とともに動き始めた円安・株高現象は生保の決算をかなり改善させています。**図表4－1**は生保の代表的な経営指標を並べたものです。

図表4－1　主要生保の2013年3月期決算

		保険料等収入	増減率	基礎利益	増減率	純利益	増減率	順ざや・逆ざや	前期実績	SM比率	前期実績
国内	日　本	53,428	▲ 0.5	5,465	0.4	2,106	▲5.0	317	316	696.4	567.0
	明治安田	36,593	▲29.4	3,945	6.4	2,355	36.9	425	192	930.3	749.6
	第　一	36,468	3.0	3,476	8.6	324	59.2	▲ 584	▲907	702.4	575.9
	住　友	31,842	20.4	4,207	27.9	1,078	▲0.1	▲ 505	▲668	843.9	708.6
	T&D	19,409	14.8	1,824	25.9	637	138.1	18	▲202	943.9	810.6
	ソニー	9,258	13.5	800	11.7	424	35.0	21	▲15	2,281.8	1,980.4
	富　国	8,622	▲9.3	819	12.0	502	77.0	22	▲48	994.6	741.1
	三　井	5,782	▲0.8	529	76.4	88	▲40.9	▲530	▲561	601.3	486.7
	朝　日	4,603	▲ 9.0	262	▲8.0	127	80.0	▲803	▲837	495.8	426.6
外資	プルデンシャル	25,337	40.6	1,490	25.4						
	アメリカンファミリー	19,958	13.8	1,623	▲20.0						
	メットライフアリコ	14,970	▲ 4.8	423	▲72.4						
	アクサ	6,706	0.4	661	0.8						

（注1）　単位：億円，％。▲はマイナス。
（注2）　増減率は対前年度比（％）。
（注3）　SM比率はソルベンシーマージン比率（％）を意味します。

まず，保険料等収入を見ますと，伸びている生保と低迷する生保に分かれています。これは少子高齢化というわが国の構造問題が影響しているためです。従来型の保障性商品はこれからも苦戦するでしょう。

今回の決算で注目すべき指標は収益力です。本業の儲けに相当する基礎利益は多くの生保で伸びていますし、純利益も高い上昇率を示しています。
　そのなかで円安から外債の利息収入が増大したうえ、株高で有価証券評価損が大幅に縮小したため、基礎利益が全面的に増大したのです。まさに運用環境の急激な変化が生保の利益を高めたといえます。
　また、運用収益の拡大は過去に悩まされ続けてきた逆ざやを縮小の方向に向かわせています。しかも、運用利回りが予定利率を上回る順ざやに転換する生保も増えています。
　さらに株式や債券による含み益の拡大から健全性指標のSM比率（＝ソルベンシーマージン比率＝支払い余力比率）も上昇に転じています。
　主要生保でSM比率を減らしているところはありません。すべてが拡大し、健全性を表す判断基準の200％を大きく上回っています。

(2) 大量に保有する生保の国債

　このように円安・株高が生保の決算を良好なものに導いています。しかし、いつまでも経済政策の恩恵を受けていく保証は何もありません。これから運用環境が追い風から向かい風に転じるかもしれません。
　今日の生保は大量の国債を保有し、運用に充てています。外債や株式から一時的に高い運用利回りを得ていますが、国債から生み出される収益が高まらない限り安心できません。
　ところが、国債利回りは長期間にわたって低迷し、生保の運用収益を抑えています。それにも関わらず、魅力的な運用先が見つからないことから、国債の保有は増え続けています。
　そうしたなかで2013年4月に日銀は量的にも質的にも異次元な緩和策を導入しました。その結果、国債価格は乱高下を繰り返しています。利回りはかなり低い位置まで付けたかと思えば、短期間で上昇したりしています。
　生保の運用担当者は今後、今まで通りに国債を大量に買い続けていくのでしょうか。それとも代替的な運用先として外国債券等に向かっていくのでしょ

うか。その方向性に市場関係者の関心が向けられています。

確かに運用収益は生保経営にとって重要です。そのなかで国債は運用資金のかなりの割合を占めていますので、その存在は大きいです。

しかし、生保にとって国債保有は単に収益の獲得だけが目的ではありません。リスク管理の役割も担っています。これにより経営そのものを安定化させます。長期性という保険契約の性格から見て、むしろ経営の安定化のほうが重要にも思えます。

そこで、以下では資産運用でかなりの割合を占める国債がリスク管理手段としても有効に活用されている実態を探っていくことにしたいと思います。

第2節　原価から時価への移行

(1)　過去の生保危機とその対応策

今回の決算を見ますと、保険料等収入に多少の不安が感じられる点も見られますが、ほぼ無難な結果が発表されています。しかし、まだ記憶に新しいようにわが国の生保は、1990年代後半から2001年初頭にかけて未曾有の生保危機に見舞われました。

それまでは経営不安と全く無縁な存在に思われていましたが、バブル崩壊の影響から新規契約が伸び悩むだけでなく、金利が長期間にわたって下落したために深刻な逆ざや問題を抱え込んでしまいました。

それでは運用環境が変化した状況のもとで逆ざやリスクを回避する手段はないのでしょうか。もちろん、存在します。それは資産負債総合管理（ALM＝Asset Liability Management）です。

資産側と負債側のデュレーション（満期）のギャップを縮めることで、逆ざやの発生をできるだけ抑える手法です。

そこで、これから多くの人々が関心を持つ生保の逆ざや問題への対応策について調べていこうと思います。つまり、1990年代後半から発生した生保危機を教訓にしながら、わが国の生保が逆ざやを回避する手法としてALMを確実に

実践しているかどうかを見ていくのです。

　アプローチとして主要生保が保有する有価証券ならびに貸付金のデュレーションを年度ごとに計測していきます。どの生保も一般的に負債側のデュレーションのほうが資産側のそれよりも大きいです。そのため，代表的な保有資産のデュレーションが年度ごとに大きくなっていることが確認できれば，逆ざやリスクを減らす対策が実施されていると判断できます。

　実際に資産側デュレーションを計測し，その動きを追うのがここでの目的です。その前にALM分析と密接な関係にあります経済価値ベースについて説明することにしましょう。

(2) 経済価値ベースの評価

　生保危機を契機にしながら監督機関による生保へのソルベンシー規制が強められています。わが国では1996年度決算において米国のRBC(Risk Based Capital)を参考にしながらソルベンシーマージン規制を導入しています。

　その後，修正を幾度か重ねながら2011年度決算ではリスク係数の見直しを中心とする「短期的対応」と呼ばれる改定が実施されました。今後は経済価値ベースの考え方に基づく「中期的対応」と呼ばれる改定が検討されています。

　資産側の時価評価はすでに導入されていますが，負債側は依然として取得原価のままです。したがって，経済価値ベースへの移行はとりわけ負債側の評価の変更に注目せざるを得ません。

　現行では負債側の大部分を占める責任準備金は，契約時に設定された予定利率が将来にわたって固定化されるロックイン方式で評価されます。そのため，予定利率よりも低い金利が続く状況下では将来の保険金・給付金支払いに必要な追加責任準備金を積み立てなければなりません。

　しかし，負債の取得原価が適用される限り，表向きはその必要性が伝わらず，積立不足の状態が続きます。本来ならば逆ざや額に相当する資金を積み立てなければなりませんが，会計上は無視できるのです。

　そのため，一定の時間が経過した後に保険金・給付金の支払いに行き詰まり，

突然，生保が破綻することも起きるのです。

こうした問題を克服する試みが負債側の時価会計です。ロックフリー方式を適用することで，評価時点ごとに予定利率が変更可能となります。責任準備金は自動的に変動し，金利が低下する局面では増大します。

これならば将来に向けた責任準備金の必要額が誰にでも確認できますので，経営危機が事前に察知できます。

第3節　純資産と金利の関係

(1) 金利による資産・負債の変動

今述べたことを今度は生保の貸借対照表を用いて説明しましょう。**図表4－2**は金利が下落した場合の資産と負債の動きを時価会計に基づきながら表しています。

図表4－2　金利下落が生保の資産と負債に及ぼす影響

資　産	負　債
有価証券 　国債 　地方債 　社債 　国内株式 　外国株式 　外国債券 貸付金 その他	責任準備金
	自己資本
	純資産

金利の下落　⇒

資　産	負　債
有価証券 　国債 　地方債 　社債 　国内株式 　外国株式 　外国債券 貸付金 その他	責任準備金
	↓ 自己資本
	↓ 純資産

まず，資産側から見てみましょう。生保は資産として国債，地方債，社債，国内株式，外国株式，外国債券で構成される有価証券を中心にしながら，そのほかに貸付金等も保有しています。そうしますと，金利が下落することで，資産側の経済価値が増大します。

同様に負債側の責任準備金も金利が下落すれば，経済価値が増大します。現行の会計制度ならば金利が下落しても責任準備金は変化しませんが，完全な時価会計のもとでは将来の保険金・給付金の支払いに必要な資金が会計に反映されますので，負債の責任準備金は増えていきます。

ここで注目しなければならないのは自己資本に相当する純資産です。なぜなら，純資産の大きさは生保のソルベンシーを示す指標であり，マイナスの状態になれば，破綻を意味するからです。

わが国で生保危機が発生したのは時価で捉えた純資産がマイナスの生保が次々と現れたためです。

(2) 負債の時価

現行の会計制度のもとでは負債側の責任準備金は簿価で表記されますので，破綻が宣言されるまで債務超過であることに気づきません。しかし，実際はそれよりも前の段階で純資産が金利の下落とともにマイナスの債務超過状態に陥っているのです。

確かに金利の下落から時価で表記した責任準備金は増大し，最終的に自己資本を食い潰すことで破綻が生じます。しかし，同時に資産も金利の下落から増大します。

それゆえ，資産と負債の差額の純資産は負債側の責任準備金の動きによって一方的に決定づけられるわけではありません。資産側の動きも同時に見なければなりません。

この図では金利の下落が資産と負債を同時に増大させ，純資産にどのような影響をもたらすかを示しています。ここでは資産も負債も同じだけ増え，両者の差額部分に相当する純資産がほとんど変わっていないように描かれています。

しかし，必ずしも資産と負債が同じ大きさだけ変動するとは限りません。生保危機の経験からすぐに連想できますように，生保破綻は金利の下落局面で資産よりも負債のほうが増えたために生じた現象です。

こうした両者の変動の相違は資産と負債のデュレーションの相違から説明で

きます。そこで，次に金利が資産と負債の変動を通じて純資産に及ぼす効果をデュレーション・ギャップという概念を用いながら理論的に整理していくことにしましょう。

(3) デュレーション・ギャップの影響

　資産であれ負債であれ，金利による経済価値の変動はそれぞれのデュレーションに依存します。しかも，その値が大きいほど変動も大きくなり，反対に小さいほど変動も小さくなります。

　それゆえ，純資産の変動はデュレーション・ギャップの影響を受けます。これは資産と負債のデュレーションの差に相当するものです。この値が大きいほど純資産の変動も大きくなります。

　反対に資産と負債のデュレーションを一致させれば純資産は金利の変動を一切受けません。生保のALMはまさにデュレーション・ギャップをゼロに近づける戦略です。

　一般的に生保は長期契約の商品が多いため，負債の満期は資産のデュレーションよりも長いです。そのため，金利の変動を和らげる最も有効な手法が「資産側デュレーションの長期化戦略」となります。具体的には生保が資産として保有する有価証券や貸付金等の満期を長期化することです。

　ほかに負債側デュレーションの短期化戦略や自己資本比率の拡大戦略も有効な手段ですが，実行するうえで時間を要する欠点があります。それに対して，資産側デュレーションの長期化戦略は保有する金融資産を変えることで達成可能です。

　わが国の生保が危機の元凶の逆ざやを克服しようとしていたならば，資産側デュレーションの長期化戦略が実行されていただろうと推測できます。

　そこで，生保の資産側デュレーションを求めながら，そのことが実際に試みられていたかどうかを確認してみたいと思います。

第4節　資産側デュレーションの動き

(1) 資産別構成割合の推移

　生保の資産に目を向けますと，その運用は時代とともに変化しています。高度経済成長期では貸付金が大きな割合を占め，有価証券はそれほど大きくありませんでした。ところが，今日ではそうした動きとは全く正反対の姿を見せています。

　図表4－3は全生保を対象にした資産別構成割合（％）の推移を2000年度から眺めたものです。これを見ますと，有価証券が圧倒的な割合を占め，その勢いが続いているのがわかります。それに対して貸付金の割合は減り続け，今では10％台です。

図表4－3　全生保を対象にした資産別構成割合（％）の推移

		2000年度	2001年度	2002年度	2003年度	2004年度	2005年度	2006年度	2007年度	2008年度	2009年度	2010年度
有価証券		57.6	60.2	61.4	65.3	68.8	71.9	73.7	72.6	71.6	75.3	76.3
	国　　債	16.6	17.8	19.4	19.3	21.9	21.3	22.1	23.2	26.4	27.8	30.5
	地方債	3.9	3.9	4.1	3.4	3.1	2.7	2.5	2.5	2.6	2.7	2.5
	社　　債	9.3	9.7	10.7	10.2	9.5	8.7	8.8	9.1	9.4	9.0	8.6
	株　　式	15.4	13.4	9.6	11.6	11.5	14.7	14.7	11.2	7.6	8.6	7.2
	外国証券	11.4	14.3	16.1	18.3	19.1	18.8	18.8	19.4	19.1	19.5	20.1
	その他の証券	1.0	1.1	1.5	2.5	3.7	5.7	6.9	7.2	6.5	7.9	7.3
貸付金		26.1	25.5	24.7	22.6	20.0	17.5	15.9	16.0	16.0	14.1	13.1
その他		16.3	14.3	13.9	12.1	11.2	10.6	10.4	11.4	12.4	10.6	10.6

（注1）　その他は現金及び預貯金，コールローン，金銭の信託，有形固定資産等で構成される資産を意味します。
（注2）　資料：生命保険協会「生命保険事業概況」

　また，株式の割合も過去と現在ではかなり違っています。かつては株式が魅力的な投資対象でありました。そのため，総資産の30％近くまで保有していた頃もありました。今日では株式の割合は貸付金と同様に下がり続け，1ケタ台

です。

　地方債と社債はそれほど変化していません。むしろ，わずかではありますが，両者とも総資産に占める割合が減っているように見えます。一方，国債は全く対照的に着実に増え続けています。今では生保の運用資産で最も大きな割合を占めるまでに至っています。

　したがって，有価証券の上昇傾向は国債の動きによってほぼ決定づけられていることが確認できます。今日の生保において国債は主要な投資対象です。保有国債の特徴がそのまま運用の性格に反映されているといえます。

(2)　デュレーションの計測方法

　生保の投資姿勢は貸付金や株式よりも国債を大量に抱える行動に転じています。しかも，保有する国債は年度を重ねながら長期の国債にウエイトを置く傾向にあります。

　国債には元本を償還するまでの期間が10年以下の国債のほかに，10年超の長期国債もあります。つまり，満期が20年，30年，40年といった国債です。生保はこれら超長期国債のウエイトを高めています。

　総資産に占める国債の保有割合を高めつつ，国債の中身が超長期ですので，生保の資産側デュレーションは自ずと上昇していると予想されます。

　そこで，直接，生保が保有する国債のデュレーションを計測してみることにしましょう。そのほかに社債，地方債，そして貸付金のデュレーションも計測してみることにします。

　計算方法として心光勝典（『生命保険経営』2009）を参考にしながら，各生保が年度ごとに発刊している「ディスクロージャー誌」から残存期間別の残高に注目し，その数値を利用することからデュレーションを求めていきます。

　具体的に説明しますと，次のようになります。まず，残存期間の範囲に対応して年数を予め定めておきます。

　例えば，残存期間1年以下の資産は0.5年，1年超〜3年以下のそれは2年，……8年超〜10年以下のそれは8.5年，10年超のそれは15年といった形式です。

次に，その年数に保有資産の割合からウエイト付けを課し，デュレーションの概算値を弾き出していくのです。

(3) 進行する長期化戦略

そうしたアプローチから大手4社（日本生命，明治安田生命，第一生命，住友生命）を対象に保有資産別デュレーションの概算値を求め，その動きを描いたものが図表4－4です。

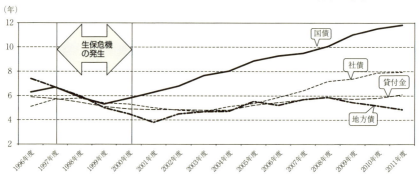

図表4－4　大手4生保の保有資産別デュレーション（年）の推移

この図を見ますと，地方債は最近に至ってデュレーションが低下しつつありますが，国債，社債，貸付金はほぼ確実に上昇しています。

とりわけ，総資産のなかで最も大きな割合を占める国債のデュレーションが他の資産よりもかなり高いことに目が向きます。

ここで注目すべき特徴は各資産のデュレーションが生保危機が発生した1997年度から2000年度を転換期としながら上昇傾向にあることです。特に国債の動きが顕著です。生保危機が発生した頃からデュレーションが確実に上昇しています。

これにより逆ざや問題が原因となって破綻した苦い経験から，デュレーション・ギャップを縮小させるALM戦略が実行されていることが窺われます。

第5節　そのほかのALM戦略

　このようにして主要生保は生保危機を契機にしながら資産側デュレーションを確実に高める傾向にあります。超長期国債を積極的に購入することで，デュレーション・ギャップを縮小化させているのです。

　これにより金利下落の局面でも純資産の減少は過去に比べて軽微なものになるでしょう。いうまでもなく，過去に起きたような逆ざや問題が原因となって経営破綻に向かうことも少なくなるでしょう。

　今まではALM戦略として資産側デュレーションだけに注目してきましたが，そのほかに負債側デュレーションの短期化戦略もあれば，自己資本比率の拡大戦略もあります。

　今日の生保は3種類の戦略をうまく組み合わせながら純資産の変動を和らげていると思われます。それゆえ，負債側デュレーションならびに自己資本比率についても最近の動きを追わない限り，資産側デュレーションだけが純資産の変動を抑えているとは主張できません。

　今後の研究テーマとして負債側デュレーションや自己資本比率の動きについても正確な分析を繰り広げていく必要があります。

第5章

〈2013年 ②〉
変貌する生保業界の業態別シェア

第1節　生保業界の変遷

(1) 漢字生保の時代

　生保業界の動きを振り返ってみますと，1990年代後半を区切りにしながら変化が生じているように見えます。

　戦後の長い期間にわたって業界を代表する伝統的な漢字生保が圧倒的なシェアを占めていました。しかも，規模の大きさに従って大手生保7社，中堅生保10社，中小生保3社として分類されていました。

　ここでいう大手生保7社とは日本，第一，住友，明治，朝日，三井，安田です。中堅生保10社とは太陽，千代田，東邦，協栄，第百，富国，大同，日本団体，東京，日産です。そして中小生保3社とは平和，大和，大正です。

　もちろん，外資系生保もすでに進出していましたが，シェアの低さから実質的な競合相手とは看做なされていませんでした。そのため，漢字生保20社が中心となって業界をリードする展開が繰り広げられてきました。

　そのなかで大手生保の存在感は大きく，日本経済をコントロールするほどの影響力を持つわが国特有の系列グループを拠り所にしながら，保険契約を着実に伸ばす生保も目立っていました。

　当時は大蔵省による護送船団行政から生保間の競争ができる限り抑えられていましたので，価格競争だけでなく，企業順位の変動も排除されていました。

　まさに業界秩序を維持する時代が長期にわたって続いていたのです。盤石な保険システムを構築することで，わが国の生保業界が確実に成長することが期待されていたのです。実際，それは見事に達成できたといえます。

(2) バブル崩壊後の動き

　そうした業界秩序に若干の乱れが生じたのが，1980年代後半のバブル期でした。株価や地価が急激に上昇するなかで，貯蓄型保険の代表の一時払養老保険や銀行提携の個人年金が爆発的に売れたのです。

高い予定利率を設定することで金融商品としての魅力を高めたからです。特に中堅生保はこれらの保険商品を積極的に販売し，業界のランクアップを狙っていました。

その結果，今まで固定的だった業界秩序に乱れが生じ，中堅生保のなかで順位の変動が見られるようになったのです。ただ，その変動はわずかでした。大手生保については全く変わらないままでした。

生保業界が再編と呼ばれるような本格的な動きを見せ始めたのは，やはりバブル崩壊後でした。高い予定利率の生保商品から生み出された大量の逆ざやが重荷となり，中堅生保を中心に経営危機が瞬く間に顕在化していったのです。

まさに生保危機の発生です。1997年4月の日産生命の破綻以降，次々と生保が過去の姿から消えていきました。たった4年間で7生保が破綻するという危機的な状況が生じてしまったのです。さらに2008年10月には大和生命も破綻してしまいました。

そのような生保破綻が繰り返されるなかで外資系生保がそれらを次々と買収していきました。その結果，以前では想像もつかなかったような生保の勢力図が描かれるようになりました。

(3) 外資系・損保系生保の躍進

漢字生保が圧倒的な存在感を示すような構図は次第に薄れ，それに代わって外資系生保が中堅生保を吸収することから規模を一気に拡大させていきました。

図表5-1は生保協会に加盟する全生保を対象にしながら，保険料等収入による生保ランキングを1997年度と2012年度に分けて整理したものです。

経営破綻が最初に起きた年度を起点として，生保業界の姿がどのように変貌したかを描いています。1997年度は上位13社までが漢字生保でした。その下に外資系生保がはじめて顔を出しています。

第5章 〈2013年 ②〉 変貌する生保業界の業態別シェア

図表5－1　保険料等収入による生保ランキング－1997年度と2012年度の比較－

順位	分類	生保会社	1997年度	順位	分類	生保会社	2012年度
1	漢字	日本	6,275,565	1	その他	かんぽ	6,481,772
2	漢字	第一	4,012,537	2	漢字	日本	5,342,857
3	漢字	住友	3,419,029	3	漢字	明治安田	3,659,351
4	漢字	明治	2,747,219	4	漢字	第一	3,472,882
5	漢字	三井	1,767,449	5	漢字	住友	3,184,252
6	漢字	朝日	1,712,324	6	カタカナ	プルデンシャル	2,533,792
7	漢字	安田	1,703,512	7	カタカナ	アメリカンファミリー	1,995,885
8	漢字	太陽	1,328,894	8	漢字	T&D	1,939,640
9	漢字	大同	1,168,436	9	カタカナ	メットライフアリコ	1,497,002
10	漢字	富国	797,644	10	カタカナ	ソニー	925,874
11	漢字	千代田	780,292	11	損保	MS&AD	878,869
12	漢字	協栄	747,536	12	漢字	富国	862,224
13	漢字	日本団体	662,471	13	カタカナ	アクサ	672,566
14	カタカナ	アメリカンファミリー	591,809	14	漢字	三井	578,201
15	漢字	東邦	521,133	15	損保	東京海上日動	576,232
16	漢字	第百	447,006	16	カタカナ	マニュライフ	532,968
17	カタカナ	ソニー	277,706	17	漢字	朝日	460,383
18	カタカナ	アリコジャパン	256,735	18	損保	NKSJ	374,523
19	漢字	東京	210,472	19	カタカナ	アイエヌジー	301,264
20	カタカナ	オリックス	118,855	20	カタカナ	マスミューチュアル	259,530
21	カタカナ	プルデンシャル	117,617	21	カタカナ	オリックス	131,445
22	カタカナ	アイエヌジー	96,398	22	カタカナ	ハートフォード	125,585
23	カタカナ	アイ・エヌ・エイひまわり	91,168	23	カタカナ	AIG富士	80,987
24	漢字	平和	78,563	24	カタカナ	ソニーライフ・エイゴン	51,182
25	損保	東京海上あんしん	75,466	25	カタカナ	カーディフ	34,569
26	カタカナ	セゾン	73,907	26	その他	楽天	26,638
27	漢字	大和	58,423	27	カタカナ	ピーシーエー	13,312
28	漢字	大正	47,731	28	カタカナ	チューリッヒ	10,030
29	損保	三井海上みらい	26,214	29	カタカナ	クレディ・アグリコル	7,062
30	損保	住友海上ゆうゆう	26,210	30	その他	ライフネット	5,915
31	カタカナ	オリコ	26,047	31	その他	みどり	5,003
32	カタカナ	ニコス	25,772	32	カタカナ	アリアンツ	152
33	損保	日動	13,408				
34	損保	同和	9,321				
35	損保	大東京しあわせ	9,197				
36	損保	富士	8,360				
37	損保	千代田火災エビス	7,737				
38	損保	日本火災パートナー	7,315				
39	損保	興亜火災まごころ	6,956				
40	カタカナ	アクサ	6,784				
41	損保	共栄火災しんらい	6,354				
42	カタカナ	チューリッヒ	855				
43	カタカナ	スカンディア	812				

それに対して2012年度を見ますと，漢字生保のなかを複数の外資系生保が割り込むような姿に変わっています。漢字生保でも大手4社が上位に位置づけられていますが，その後ろに複数の外資系生保が連なっています。大手4社以外の漢字生保は外資系生保の下に追いやられています。

　しかも，カタカナ生保として外資系生保と同じ括りとして捉えられるソニーやオリックスといった生保も漢字生保に向かって確実に迫っています。

　このように業界の順位を見ますと，過去に圧倒的な存在感を放っていた漢字生保の勢いは弱まっています。とりわけ，生保危機を契機に規模を拡大させた外資系生保の存在はかなり大きいです。

　その一方で，MS&AD，東京海上日動，NKSJに属する損保系生保も今では無視できない存在となっています。親会社の損保が3グループに収束するなかで，傘下の生保子会社もその動きに合わせるように同時に合併し，急速に規模を拡大させています。

　そこで，次に損保系生保について説明していきましょう。

第2節　損保系生保の特色

(1)　3メガ損保と子会社生保

　損保の生保子会社11社が営業を開始したのは1996年10月でした。前年6月に新保険業法が公布され，子会社方式による生損保相互参入が認められたからです。

　戦後の長きにわたって維持された護送船団方式の保険行政は日本経済の成熟とともに転換を余儀なくされ，ついに自由化・規制緩和に向かって進んでいかざるを得なくなったのです。

　その流れを促進したのが半世紀以上の間隔を開けて全面的に改正された新保険業法でした。当時は日米保険協議も複雑に絡み，さらに橋本龍太郎首相による金融ビッグバンが提唱された結果，保険市場の活性化が強力に推し進められました。

特に損保分野の自由化・規制緩和の進展は急激で，具体的な方策として算定会料率の使用義務が廃止されたり，リスク細分型自動車保険が認可されていきました。

また，複雑な日米保険協議の影響から激変緩和措置として損保の生保子会社に課されていたガン・医療保険の制限も解除されていきました。

こうした保険業界を取り巻く経営環境の変化を受け，損保は統合・合併を繰り返すことで迅速に対応していったのです。その結果，MS＆AD，東京海上HD，NKSJの3メガ損保が誕生したのです。これら大手損保グループ3社は正味収入保険料で圧倒的シェアを占めています。

そのなかで傘下の生保子会社も親会社の動きに合わせるように統合・合併が行われ，3メガ損保の生保子会社は親会社と同様に規模を膨らませていきました。

全生保を対象にした保険料等収入のランキングでも，損保系生保は誕生した頃とは比較にならないほど上昇しています。

(2) 代理店を通じた販売チャネル

損保系生保は確かに親会社の急激な大再編に合わせて，経営規模を拡大していきました。したがって，統合・合併という展開からいえば，その動きは外資系生保と類似しているかもしれません。

しかし，ここで注目しなければならないのは損保系生保の販売チャネルです。一般的に生保商品は女性営業職員が中心となって販売される場合が多いです。それに対して損保系生保は本業の損保の代理店網を活用するスタイルを取っています。

代理店を通じた販売チャネルでは損保の顧客基盤を活かしながら損保商品だけでなく，生保商品も扱っています。まさに生損保一体の取り組みが展開されているのです。この独自の販売チャネルが新規契約高の拡大につながっています。

生保業界では長年にわたって販売チャネルの効率性について疑問が投げかけ

られてきました。ターンオーバーと呼ばれる女性営業職員の大量採用・大量離脱の問題に悩まされ続けてきたからです。

　代理店網を活用する損保系生保はそうした問題を克服しているようです。損保商品の販売をきっかけに生保商品の販売につなげていくのが代理店の特徴です。担当者が離職を繰り返すような姿勢をとれば，損保商品の販売にも悪影響をもたらすからです。

　そうならないためにも顧客との長い付き合いが必要不可欠な要件となります。そのことが顧客との間に信頼関係を形成し，販売の増大に向かわせているのです。

　損保系生保の躍進は単に統合・合併による規模の拡大だけでなく，こうした販売チャネルの魅力も影響しているように思われます。

(3) 損保商品の特性

　昔から保険商品の販売の難しさが指摘されることが多いです。一般の商品と異なり，目に見えない商品だからです。なかでも生保商品の販売は難しいです。

　自動車や家等が保険の対象となる損保商品ならば，誰にでもある程度のリスクが認識できます。しかし，生保商品はそれができないので，販売にあたって生命に関わる諸々のリスクを丁寧に説明しなければなりません。

　営業職員による販売はまさにその問題を克服しようとしたアプローチといえます。ところが，顧客自身がそれらのリスクを認識するのにかなりのコストと時間が掛かります。

　そのため営業職員は過剰なほど営業にのめり込む傾向が強いです。そのことが逆に反感を買い，顧客が敬遠する最悪のパターンにつながったりします。

　ところが，損保系生保は損保の特性が浸透していますので，過剰な販売姿勢をとりません。なぜなら，損保商品はリスクを認識し必要と判断した顧客が代理店にやってくるケースが多いからです。

　その特性が生保商品の販売にも活かされ，営業職員に散見されるような執拗な営業姿勢が抑えられているようです。このことがかえって好感を持たれてい

るように見えます。

第3節　価格競争から生保再編へ

　すでに説明してきましたようにわが国の生保業界は護送船団体制のなかで，漢字生保が圧倒的な勢力を保っていました。しかし，1990年代後半から勢力図が変わり，外資系生保そして損保系生保も存在感を示し始めました。

　その変化を具体的に確認するため，先ほどと同様に1997年度と2012年度のデータを用いて生保業態別による保険料等収入シェアを描いたものが**図表5－2**です。ここでは全生保を漢字生保，カタカナ生保，損保系生保，その他生保の4種類に分類しています。

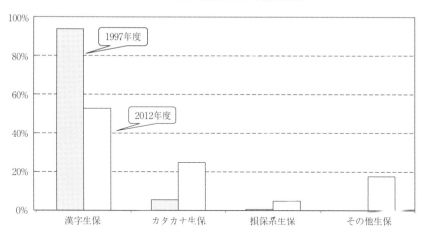

図表5－2　生保形態別による保険料等収入シェア
－1997年度と2012年度の比較－

　これを見ますと，過去に漢字生保は90％台のシェアを占めていましたが，今では50％台まで低下していることがわかります。一方，外資系生保等で構成されるカタカナ生保は5％台から25％へ上昇しています。

　また，1％も達していなかった損保系生保は5％にまで近づいています。その他生保もかんぽ生命の民営化により拡大し，20％に向かっています。

こうして見ていきますと，以前のように漢字生保が圧倒的な勢力を示す構図は揺らいでいます。この流れから外資系生保など他の生保がさらに漢字生保のシェアを奪っていくことも考えられます。

　漢字生保の代表格である大手生保は危機意識の高まりからか，最近では主力商品の値下げに踏み込むことで攻撃姿勢に転じています。保険料の引き下げは他の生保にも浸透し，本格的な価格競争に転じていくと予想されます。

　その動きが現実のものとなれば，いずれ生保業界のさらなる再編に結び付いていくと思われます。その時，生保業態別シェアは今と違った姿が描かれていくでしょう。

第6章

〈2014年〉
日銀の異次元緩和策と生保の資産運用行動

第6章

〈2014年〉
日銀の異次元緩和策と生保の資産運用行動

第6章 〈2014年〉 日銀の異次元緩和策と生保の資産運用行動

第1節　2014年3月期決算の発表

(1)　減収増益の決算

　主要生保の2014年3月期決算が発表されました。今まで増加傾向にあった保険料収入が5年ぶりに減少しました。

　デフレ下で伸びていた終身保険や個人年金保険などの貯蓄型保険が低迷したためです。2013年4月に実施した予定利率の引き下げから貯蓄商品としての魅力が薄れ，投資信託などの金融商品に資金が流れていったのです。

　図表6－1は決算の主要データを並べたものです。多くの生保が保険料収入を減らしている実態がわかります。貯蓄型商品の不振がかなり影響していますが，医療保険など第3分野の保険は伸びています。それでも全体の伸びを支えるほどの勢いはありませんでした。

図表6－1　主要生保の2014年3月期決算

		保険料等収入		基礎利益		順ざや・逆ざや	
			増減率		増減率		前期実績
国内	日　本	48,255	▲ 9.7	5,924	8.4	1,147	317
	第　一	43,532	19.4	4,284	23.2	323	▲ 584
	明治安田	36,162	▲ 1.2	4,604	16.7	1,193	425
	住　友	25,228	▲ 20.8	3,939	▲ 6.4	▲ 157	507
	T&D	16,097	▲ 17.1	2,102	15.2	333	18
	ソニー	9,609	3.8	723	▲ 9.6	84	21
	富　国	7,070	▲ 18.0	901	10.0	140	22
	三　井	5,449	▲ 5.8	516	▲ 2.5	▲ 486	▲ 530
	朝　日	4,114	▲ 10.6	269	2.7	▲ 711	▲ 803
外資	プルデンシャル	20,307	▲ 19.0	1,261	▲ 15.4	順ざや	▲ 93
	アフラック	16,757	16.0	3,252	100.4	257	▲ 93
	メットライフアリコ	16,547	10.5	10	▲ 97.6	順ざや	
	アクサ	5,519	▲ 17.7	857	29.7	380	126

(注)　単位：億円。　増減率は前年同期比（％），▲はマイナス。

　今回の決算で明るい材料は本業の儲けを示す基礎利益が増益に向かったことです。それは逆ざや問題が解消し，順ざやに転じた生保が増えたからです。

株高・円安による運用環境の大幅な改善から生保の運用利回りが，契約者に約束した利回りの予定利率をようやく上回るようになったのです。

主要生保の合計では2001年3月期に運用実績を発表して以来，初めて逆ざやを解消したことになります。その結果，契約者への配当を増やす生保も現れています。

(2) 生保の運用姿勢

このように今回の決算では売上高に相当する保険料収入が低迷しながらも，一方で逆ざやの解消から基礎利益が増えています。

皮肉なことに運用環境の大幅な改善から生保自身の運用成果が向上しながらも，投資信託など競合する金融商品の魅力がさらに高まったためです。

死亡保障を重視した従来型の生保商品は少子高齢化を背景に伸び悩んでいます。そのことを示す経営指標として個人保険の保有契約高を取りあげますと，長期にわたって減少傾向を辿っています。

やはり貯蓄型商品を伸ばしていかない限り，保険料収入の増大は難しいでしょう。そのためには競合する他の金融商品よりも運用面で魅力を高めていかなければなりません。

生保にとって効率的な資産運用は単に逆ざや問題を乗り越えるだけでなく，さらに発展していくための条件でもあります。

そう考えながらも，長期にわたる契約を確実に履行しなければならない生保の使命を踏まえますと，安易に積極的な資産運用に走るわけにもいかないように感じます。

そのなかで最近では日銀の異次元緩和策が生保の資産運用に影響を及ぼそうとしています。生保の運用姿勢に転換を求めているようです。

そこで，以下では日銀の政策変更に絡めながら生保の運用姿勢について検討していくことにしましょう。

第2節　日銀の異次元緩和策

(1) ポートフォリオ・リバランス効果

　2013年4月に日銀は黒田東彦新総裁のもとで量的にも質的にも従来と全く次元の違う大胆な金融緩和策を打ち出しました。これによりアベノミクスが推し進めるデフレ経済からの脱却が大いに期待されています。

　わが国にとって重要な政策課題はデフレを克服し，持続可能な成長経済に転換することです。日銀の新たな量的・質的異次元緩和策はその政策目標を実現する手助けとなっています。

　日本経済が飛躍的な成長を遂げるには，貯蓄から投資に向けて資金を積極的に流していく必要があります。日銀はその動きを加速させようと，金融機関や機関投資家に対してポートフォリオ・リバランス効果を望んでいます。

　具体的には民間銀行から国債を大量に買い取ることで，金融緩和策を実施しています。民間銀行は国債残高の減少から生み出された運用資金を貸出等のリスク性資産にシフトさせていきます。その結果，貯蓄から投資に向けて資金が流れていきます。

　それに対して生保マネーは外債投資に向かうことが期待されました。日銀の緩和策から長期金利が急激に低下し，国債保有では十分な運用収益が確保できなくなるからです。

　生保が大量の国債を日銀に売却し，そこから生み出された多くの資金が外債投資に流れていけば為替相場に影響を及ぼします。

　これにより円高から円安に転換できますので，日本を代表する輸出産業にとって好都合な経済環境が醸成されます。

　まさに日銀による外債投資への誘導は生保にとって高利回りが達成できるだけでなく，日本経済がデフレから脱却するきっかけにもなります。

　したがって，日銀の異次元緩和策は貸出を行う民間銀行だけでなく，機関投資家の生保に対しても，国債を中心とした安全確実な資産運用からリスクを

負った資産運用へ転換が望まれています。

(2) 生保マネーの特徴

過去においてわが国の生保は海外でザ・セイホと呼ばれた時期がありました。それは1980年代後半のバブル期でした。積極的に外債を購入することから世界の金融資本市場で注目されたからです。

高利回りを目指したのですが，残念なことに為替リスクが表面化し，最終的には巨額の損失を被りました。過去の苦い経験を振り返れば，生保は今回の日銀による政策転換に対して慎重にならざるを得ないようにも感じられます。

そこで，日銀による異次元緩和策の実施「以前」と「以後」に分けながら，生保の資産運用行動をデータから見ていくことにしましょう。

図表6−2は2012年6月末から2013年12月末までの全生保による国債と外国証券の保有残高を生保協会の資料からまとめたものです。

図表6−2　全生保を対象にした運用資産の推移

(1) 日銀・異次元緩和策の実施「以前」

	2012年6月末	2012年9月末	2012年12月末	2013年3月末
国債	142,541,181 (106.0)	145,071,062 (105.5)	146,198,005 (104.9)	148,769,242 (105.3)
外国証券	47,209,552 (102.7)	48,412,448 (110.4)	53,441,259 (121.2)	55,986,474 (119.2)

(2) 日銀・異次元緩和策の実施「以後」

	2013年6月末	2013年9月末	2013年12月末
国債	149,196,720 (104.7)	149,519,895 (103.1)	149,934,854 (102.6)
外国証券	56,808,156 (120.3)	57,191,344 (118.1)	61,347,810 (114.8)

（注1）　上段は金額（百万円），下段の括弧は対前年比。
（注2）　資料：生命保険協会

第6章 〈2014年〉 日銀の異次元緩和策と生保の資産運用行動

　日銀の異次元緩和策が発表された2013年4月を基準に，それ以前と以後に分けて国債と外国証券の動きを比較しています。
　まず，生保の国債残高は日銀の発表にほとんど影響されないまま，ほぼ一定の増加率で拡大しています。本来のポートフォリオ・リバランス効果が機能していれば国債の売却から保有残高は減り続けているはずです。
　それにも関わらず，国債残高は増え続けていますので，日銀の思惑とは違った結果が生じていることになります。
　それに対して外国証券は日銀の期待通りの動きとして解釈できるかもしれません。なぜなら，日銀の発表以後の保有残高は拡大しているからです。
　しかし，日銀の発表以前からも生保は外国証券を積極的に購入しています。日銀の政策転換が契機となって外国証券を増やし始めたわけではないのです。
　民間銀行については日銀による大規模な国債の買い取りから，その資金が貸出に向かっていることが報道されています。まさに日銀のシナリオに沿った動きといえます。
　ところが，生保の資産運用については基本的にそれほど大きな変化が生じているようには感じられません。
　外国証券の保有は確実に増大傾向を辿っていますが，やはり生保の資産運用は今までと同様に安全確実な国債を中心に買い増しています。
　しかも超長期国債の割合を高めることで，平均満期のデュレーションを上昇させています。
　結局，政府や日銀の政策が激変しても生保の資産運用は国債を大量に保有することで，リスクを回避する傾向が強いようです。このことは生保マネーの特徴のように思われます。
　保障業務が生保の本来の仕事ですので，リスク回避は当然の行為です。将来にわたって保険金などの支払いが滞らないように資金を確実に運用しなければならないからです。
　そのためにはリスクをできる限り回避した資産運用を考えます。しかも長期にわたって確実に保障しなければなりませんので，資産側のデュレーションを

負債側のそれに合わさなければなりません。

その一方で高い配当を求め，積極的な資産運用を望む契約者が多いのも事実のようです。そこで，リスクを回避する運用姿勢はわが国の生保だけに見られる傾向なのかどうかを探っていくことにしましょう。

もし，国債の大量保有に見られるような慎重な投資姿勢が生保の本質的な特徴ならば，日銀が期待したポートフォリオ・リバランス効果は生保に関する限り，もともと無理な発想であったようにも解釈されます。

早速，この問題を解明するため，世界最大の保険大国であります米国の生保業界を取りあげながら，資産運用の性質について調べていきたいと思います。

第3節　米国生保の現状

(1) 組織形態別の主要データ

米国生保の現状をACLI（米国生保協会）のファクトブック（2013年版）から作成した**図表6-3**を見ながら，業界の全体像を整理してみましょう。

まず，会社数はわが国生保の43社よりもはるかに多く，868社もあります。1980年代後半には約2,300社の生保が活動していましたが，その後は会社数を減らし続けています。生保破綻を契機に規制が強化され，再編が繰り返されているからです。

図表6-3　米国生保の組織構造別に見た主要データ（2012年）

組織構造	株式会社	相互会社	協同組合	合計
(1) 会社数	660	120	88	868
(2) 財務データ				
保有契約高	13,742,216	5,094,851	483,849	19,320,916
新規契約高	2,039,778	764,144	53,023	2,856,945
総資産	4,412,993	1,217,035	147,392	5,777,420
支払	422,724	101,781	9,665	534,170
保険料収入	514,542	128,832	12,414	655,788

（注1）　財務データの単位：百万ドル

(注2) 資料：ACLI（米国生命保険協会）のファクトブック（2013年版）図表6－4，6－5も同じ資料。

組織形態で分類しますと，株式会社・生保のほうが相互会社・生保よりも会社数だけでなく，保有契約高など財務データでもかなり大きな割合を占めています。

そうした米国生保の資産運用を見たものが**図表6－4**です。ここでは保障額や給付額が約束された生保商品の一般勘定と，それとは対照的に運用成果によって変動する生保商品を扱った分離勘定に分けられています。

図表6－4　米国生保の勘定別に見た資産運用（2012年）

	一般勘定	割合	分離勘定	割合	合計	割合
債　　券	2,636,436	71.1	299,269	14.5	2,935,705	50.8
株　　式	82,391	2.2	1,642,868	79.4	1,725,259	29.9
モーゲージ	345,602	9.3	8,452	0.4	354,053	6.1
不 動 産	21,725	0.6	8,834	0.4	30,559	0.5
契約者貸付	130,348	3.5	367	0.0	130,715	2.3
そ の 他	491,137	13.3	109,992	5.3	601,129	10.4
合　　計	3,707,639	100.0	2,069,782	100.0	5,777,420	100.0

（注）　単位：百万ドルと％。

一般勘定では長期にわたって安定的に利息収入を確保しなければなりませんので，債券投資が中心になっています。それに対して，分離勘定ではリスクを負いながら高い収益を目指しますので，株式が主要な投資対象となっています。

株式会社・生保が相互会社・生保よりも会社数だけでなく，総資産等でもかなり上回っていますので，主力の一般勘定で債券を中心にした運用体制を敷いていることに違和感を覚える人もいるかもしれません。

なぜなら，株式会社組織ならば株主のために利益の最大化を第一目標として行動しますので，分離勘定だけでなく一般勘定でもハイリスクな運用を実行すると思い込んでしまうからです。

しかし，実際は債券を中心にした安全性を重視した運用に従っています。それでは保有する債券の平均満期に相当するデュレーションはどれほどでしょう

か。

(2) リスク管理としての債券保有

生保にとって保有資産のデュレーションは負債のそれに合わせるように長期でなければなりません。これにより将来の支払いに十分に対応できるようになります。

とりわけ、保有資産のなかで大きなウエイトを占める債券はその役割を担わされています。そこで、早速、米国生保の債券デュレーションを求めてみることにしましょう。

図表６－５は2004年から2012年までを対象に保有債券からデュレーションの概算値を算出し、その推移を描いたものです。

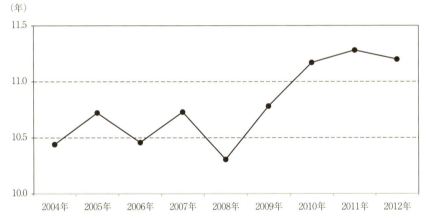

図表６－５　米国生保の債券デュレーションの推移（一般勘定）

この図を見ますと、2008年を境に債券デュレーションの数値は上昇傾向にあります。それゆえ、米国生保が保有する債券の残存年数は長期化傾向を辿っていることが確認できます。

これは資産側のデュレーションと負債側のそれを合わせる資産負債総合管理を実践しているからです。予期せぬ金利変動リスクを吸収する体制が着実に進められている実態がわかります。

ただし、ここで注意しなければならないことは保有債券の中身です。2012年の一般勘定から債券の種類と総資産に対する割合を見ますと、米国債（8.5%）、外国債（2.1%）、社債（47.5%）、証券化商品（13.1%）です。

わが国の生保は国債が代表的な債券ですが、米国では国債はそれほど大きな比重を占めていません。投資適格社債が中心となっています。安定的に利息収入を確保する手段を求めながらも、そのなかで国債よりも高い利回りを追求する姿勢を見せています。

いずれにせよ、資産負債総合管理の立場を重視しながら、安全性の高い社債を主力にデュレーションを長期化していることには変わりありません。

第4節　将来に向けた生保の姿

(1) リスク回避志向の資産運用

このように日米の生保業界の資産運用からわかりますように、共通してリスクを回避する傾向が読み取れます。

わが国生保と米国生保では国債と社債という点でウエイトの置き方が異なっていますが、どちらも共通して安全性を重視した運用であることに違いはありません。しかも、運用のデュレーションは長期化が進んでいます。

ここでは米国生保を取りあげながらわが国生保との類似性を指摘しましたが、同じことはヨーロッパの生保にも当てはまります。

例えば、イギリス、ドイツ、フランス等の主要生保の資産構成を見ますと、低リスクの債券を中心にしながら保有し、高リスク性資産の割合はかなり少ないです。

結局、わが国生保のリスクを回避した長期の資産運用は主要先進国の生保業界に共通した特徴といえます。その背景には保険会社に向けた世界的なソルベンシー規制が強く影響しています。

保険会社が抱える様々なリスク量を独自の方式から算出し、それに対応した十分な資本の確保を生保に促す規制です。

そこに組み込まれた資産運用リスクの算出式に従いますと，リスク性資産を増やせば資本も余分に増やしていかなければなりません。その問題を回避するため，安全確実な債券のウエイトが高まっていくことになります。

黒田日銀総裁による量的緩和策の最終的な狙いは，資金の流れを貯蓄から投資に向かわせることにあります。アベノミクスが成功するか否かはまさに民間企業による設備投資の動きにかかっています。

そのためには民間銀行や機関投資家が中心となって貸出や株式などリスクを伴った投資対象に向けて資金を流していかなければなりません。

しかし，生保マネーの性格を熟知していれば，日銀が大胆な政策方針を転換しても生保の資産運用は変わりにくいことが容易に推測できます。

(2) 国債のデフォルトリスク

生保は保障という本来業務を確実に履行しなければなりません。さらに，最近では世界的なソルベンシー規制が強化される傾向にありますので，リスクを回避した保守的な運用姿勢は変わりそうにありません。

それでも日本経済がデフレから完全に脱却し，持続可能な成長経済に転換するには貯蓄から投資に向けて資金を流していく必要があります。そのため生保も長期的に眺めれば，ある程度のリスクを負った資産運用が望まれます。

過去の逆ざや問題で揺れた最悪期に比べれば，生保の財務力はかなり高まっています。それでも積極的にリスクを負うほど盤石な体制にないことも理解できます。

しかし，将来の生保の姿を考えれば，ある段階で高い運用収益の獲得を目指した方向へ転換することも求められています。その時，生保も貯蓄から投資への流れを促す大きな存在になっていると考えられます。

現在，生保は安全確実な投資対象として超長期国債を大量に保有しています。そのなかで国の借金は増え続け，2013年9月末の段階で1,000兆円を突破しました。国民一人当たり約794万円の借金を抱える計算になります。

その勢いは衰えず，歯止めが掛からない状態にあります。返済の目処がます

ます立たなくなるなかで，国債を大量に保有し続ける生保の運用姿勢に対して，不安を感じる時がいずれやってくるかもしれません。

　生保は安全志向から国債を大量に保有していますが，国債のデフォルトリスクを考えれば危険債券とも解釈できます。そう感じられた時は運用方針の変更が繰り広げられていると思われます。

第7章

〈2015年〉
経済テキストで学ぶ
保険募集ルールの解釈

第7章 〈2015年〉 経済テキストで学ぶ保険募集ルールの解釈

第1節　2015年3月期決算の発表

(1)　好調な決算と運用収益

　主要生保の2015年3月期決算が発表されました。過去最高益を更新する好決算の生保が続出しています。

　売上高に相当する保険料収入は前の期に比べて全体的に増大しています。また，本業の儲けを示す基礎利益も最終的な純利益もともに拡大傾向にあります。

　好決算を支える大きな要因として運用収益の改善があげられます。アベノミクスの影響で円安や株高が進み，生保が保有する外国債券の円換算の利息収入や株式の配当が増えたからです。

　その結果，従来予想の数値から大きく上振れし，順ざやを増やす生保のほかに，運用利回りが契約者に約束した利回りを下回る逆ざやからようやく開放された生保も現れています。

　利益の増大は契約者配当を増やす動きにつながっています。逆ざや問題で悩まされていた頃とは全く違い，今では利益を契約者に還元する姿勢が強まっています。

　逆ざやから順ざやへの転換が生保経営に大きな影響を及ぼしていることが感じられます。運用環境の好転が配当増額を通じて契約者に還元されていることがよく理解できます。

　図表7－1では主要生保13社の決算を国内生保と外資系生保に分けながら，保険料等収入，基礎利益，順ざや・逆ざやが並べられています。

　これらの数値から多くの生保が改善傾向にあることが確認できます。保険料等収入の伸びも目立ちますが，基礎利益の増大が順ざや・逆ざやの動きに依存していることもわかります。

　順ざやが増えたり，あるいは逆ざやが減ることで基礎利益が拡大しています。資産運用業務の成果が生保決算の姿を決定づけている実態が十分に認識できます。

図表7-1　主要生保の2015年3月期決算

		保険料等収入	増減率	基礎利益	増減率	順ざや・逆ざや	前期実績
国内	第一	54,327	24.8	4,720	5.8	743	323
	日本	53,371	10.6	6,790	14.6	1,906	1,147
	明治安田	34,084	▲5.7	5,063	10.0	1,686	1,193
	住友	25,971	2.9	4,050	2.8	81	▲157
	T&D	19,580	21.6	1,827	▲13.1	345	333
	ソニー	9,140	▲4.9	765	5.7	130	84
	富国	7,964	12.6	959	6.4	236	140
	三井	5,451	0.0	590	14.3	▲462	▲486
	朝日	4,059	▲1.3	276	2.4	▲649	▲711
外資	プルデンシャル	21,157	4.2	1,683	33.5	順ざや（金額非公開）	
	メットライフ	17,476	5.6	696	68倍	順ざや（金額非公開）	
	アフラック	15,316	▲8.6	4,529	39.3	437	257
	アクサ	5,489	▲0.5	617	▲28.0	282	380

（注）　単位：億円，％　　増減率は前年同期比。▲はマイナス。

(2) ナンバーワン効果

　今回の決算発表で注目を集めたのは保険料収入の首位の入れ替えです。戦後初めて通期で日本生命がランキング第1位の座を第一生命に譲り渡したのです。

　銀行窓販向けの貯蓄性保険商品を扱う第一生命・子会社の第一フロンティア生命保険が保険料収入の獲得に貢献したようです。その伸び率は50％です。

　しかし，基礎利益では日本生命を抜いていません。依然として両者の間には利益面で差があります。それでも売上面で首位が入れ替わったことは生保業界にとって刺激的な出来事だと思われます。

　生保業界にとってナンバーワン効果は影響力が大きいものです。会社の信用が高まるだけでなく，成長力も強まっていきます。そのためナンバーワンの地位から転落する可能性も少なくなります。

　日本生命は人気が高い新保険商品を積極的に販売することで，業界首位の座を取り戻そうとしています。ただ，第一生命と日本生命の競争は生保の経営形態をめぐる論争にも関係します。

相互会社の日本生命が株式会社転換の第一生命に抜かれたことで，伝統的な相互会社組織へのこだわりが薄れるかもしれないからです。

いずれにせよ，保険料収入の動きは生保業界にとって絶えず注目する重要な経営指標です。そこで，以下では保険販売の動向について注目していこうと思います。

最近では乗合代理店の活躍が目立ちます。この動きにも焦点を合わせながら説明していくことにします。

第2節　保険募集ルールの経済的背景

(1)　基本的ルールの創設

2013年6月に金融審議会のワーキング・グループは報告書「新しい保険商品・サービス及び募集ルールのあり方について」を発表しました。これを受けて2014年5月に「保険業法等の一部を改正する法律」が成立しました。

保険商品・サービスについても興味深い内容が盛り込まれていますが，ここでは保険募集ルールに絞りながら説明します。

もともと保険募集の規制は1948年に制定された「保険募集の取締に関する法律」と，1998年に導入された「金融システム改革のための関係法律の整備等に関する法律」から成り立っていました。

一方，営業の現場では募集チャネルの多様化が著しく進み，銀行窓販やインターネット等による非対面販売のほかに，来店型ショップ等の乗合代理店も台頭してきました。

今までのような保険会社の専属営業職員が中心となった保険募集体制に大きな変化が見られつつあります。

業法改正のもとになった報告書では環境変化に対応するため，「保険募集の基本的ルールの創設」と「保険募集人への規制」がまとめられています。

(2) 義務と規制

このうち保険募集の基本的ルールは顧客の意向把握義務と顧客への情報提供義務の2つから成り立っています。

保険商品の募集に当たって，まずは顧客の意向を把握し，ニーズに合った保険商品であることを確認したうえで契約を締結しなければなりません。そのためには顧客への情報提供が必要です。これにより保険商品の理解が深まります。

すでに推奨された保険商品と顧客自身のニーズが合致しているかについて，意向確認書面でチェックする機会が設けられています。しかし，過去において十分な効果が発揮されなかったようです。

また，顧客への商品情報の提供も他の金融商品に比べるとバランスを欠いていました。理解しやすい金融商品として預金等がありますが，これらについては情報提供が義務づけられています。それに対して，保険業法では積極的な情報提供義務が規定されていなかったのです。

このような点を踏まえて保険募集の基本的ルールがまとめられました。しかし，保険会社と顧客の間に立つ保険募集人が業務を適切に行わない限り，2つの義務をいくら掲げてもそれは単なる願望に過ぎません。

そこで保険募集人への規制として体制整備義務が打ち出されました。保険会社については以前から体制整備義務が課されていましたが，保険募集人については義務づけの対象とはされていなかったのです。

そうしたなかで乗合代理店を中心に大規模な販売チャネルが出現し，保険を取り巻く環境がかなり変わりました。その結果，保険会社だけでなく，保険募集人に対しても業務を適切に運営するための体制整備が義務づけられたのです。

これで監督当局が保険会社を通じて保険募集人を間接的に監督する体制から，ストレートに監督できる体制に移ることができます。

ただし，保険募集人の業務の規模と特性に応じて監督体制は変わります。すべての保険募集に対して一律の規制が課されるわけではありません。

例えば保険会社の営業職員であれば，適切な研修体制が行われることを条件に間接監督に留まることができます。

(3) 金融教育の推進

このように報告書では保険募集の基本的ルールとして顧客の意向把握義務と顧客への情報提供義務を指摘したうえで，保険募集人への規制を明示しています。業法の改正ではその内容が実際に反映されています。

このうち保険募集人への規制は新たな枠組みが設けられたことになりますが，保険募集の基本的ルールについては従来のスタイルを義務という表現で強めたに過ぎないように感じます。

保険募集人はいつでも顧客の意向を把握し，顧客に情報を提供しながら適切な保険商品を提案します。過去においても，また将来においてもその姿勢は変わりません。

それにも関わらず，なぜ，保険業法の一部改正が行われたのでしょうか。それは先程も触れましたように，他の法律との整合性を考えた措置のように思われます。

具体的には銀行法や金融商品取引法と平仄を合わせようとしたことが改正の根底にあるように思われます。

業法の改正は現実の動きに先行するのではなく，実態に合わなくなった時に行われます。そうであれば，保険商品が時代とともに一般の金融商品との間で競合性が強まっていることが今回の改正の背景にあるように感じます。

報告書のまとめでは保険業界その他関係者に向けて，金融教育の取り組みを一層推進することを求めています。顧客がニーズに合致した保険に加入するには，金融に関わる一定程度の知識が必要だからです。

いくら保険募集人が顧客に合った保険商品の特性を丁寧に説明しても，顧客自身が金融の知識を持たない限り，加入に結びつきません。金融教育の普及が保険の発展を促す要因になっています。

次節では金融教育に取り組むうえで基礎となる通常の経済テキストから，保険商品の決定メカニズムを紹介します。これにより報告書の理解も一層深まると思われます。

第3節　経済テキストで読み解く保険募集ルール

(1)　保障型保険商品の提供

　私達の生活は様々なリスクに直面しています。経済的に充実した人生を送るにはリスクを認識する必要があります。また，将来についても安定した生活の確保を目指すように心掛けなければなりません。

　保障型保険商品は現在のリスクを削減させ，貯蓄型保険商品は将来の生活を安定化させる役割を果たします。

　こうした保険商品の役割を経済テキストの分析ツールに従えば，**図表７－２**(1)(2)のように描くことができます。ここでは人々が現在だけでなく，将来についても満足のゆく合理的な所得の決定メカニズムが示されています。

　まず，**図表７－２**(1)から見ていきましょう。この図は現在の所得（Y_0）がリスクに晒されている状態を示しています。不幸にもリスクが現実のものとなった場合，所得（Y_1）となります。

　それぞれの所得から生み出される満足を表す効用曲線UUから所得（Y_0）の時に効用（U_0）となり，所得（Y_1）の時に効用（U_1）となります。

　現在の状態はA点です。リスクが発生した状態はB点で表されます。リスクの発生確率によって２種類の所得から生じる効用の期待値はC点から効用（U_2）となります。これを期待効用と呼びます。

　この満足と同じ所得はD点から所得（Y_2）となります。これは現実のリスクに晒されている状態を確実に獲得できるリスク無しの所得に置き換えたものです。

　そうしたなかで保障型保険商品険は有効な働きをします。リスクが実現し，所得が下がっても元の水準に戻してくれるからです。ここでは純保険料を支払うことで，E点で決定付けられた水準まで効用を引き上げます。

　ただ，保険料は純保険料と保険契約の手数料に相当する付加保険料から構成されます。そのため，選択可能な最大の保険料として所得（Y_0）と所得（Y_2）

第7章 〈2015年〉 経済テキストで学ぶ保険募集ルールの解釈

図表7-2　保険商品の決定メカニズム

(1) 保障型保険商品の決定

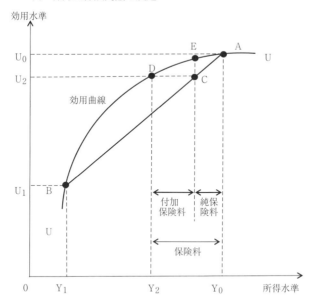

(2) 貯蓄型保険商品の決定

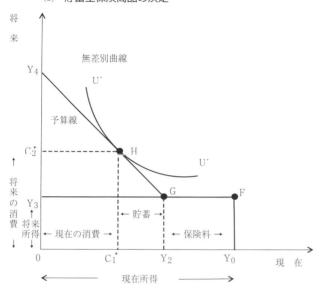

85

の差額部分に相当するものを支払わなければなりません。

　ここで扱うリスクの発生確率はあくまでも個人が想定する主観的確率です。リスクに敏感な人もいれば，鈍感な人もいます。リスク回避度の違いが保障型保険商品の動向を決定づけることになります。

　したがって，保険募集人は顧客の意向を受け入れながら，顧客の危険回避度を推し量る必要があります。あるいは顧客がリスクについて全く認識が無い場合は情報を提供しながら説得する必要もあります。

　これにより顧客は自らの期待効用を高めようと，保障型保険商品の購入に向かうでしょう。まさに保険募集の基本的ルールが実践された状況です。

　なお，保険商品だけがリスクを削減させる手段とは限りません。資金を積み立てることで，リスクを吸収することもできます。もちろん，完全にリスクから解放されるわけではありません。

　それでも，現在のリスクを吸収する手段としてある程度の役割を果たしますので，一般の金融商品も保障型保険商品と競争関係にあるといえます。

(2)　貯蓄型保険商品の提供

　私達は現在の経済状態だけを考えて生活するわけにはいきません。将来についても真剣に考えなければなりません。図表７−２(2)はそうした現在と将来の所得を描いたものです。

　この図のF点は現在の所得（Y_0）と将来の所得（Y_3）を示しています。しかし，現在のリスクを取り除くため保障型保険に加入しますので，現在の有効な所得は保険料を差し引いた所得（Y_2）になります。したがって，G点が本来の経済状態を示しています。

　人々は現在の所得のうち一部を貯蓄として将来に振り向けます。この図では現在と将来の所得の組合せを示す予算線がG点から北西に延びた直線で示されています。

　この直線上で最大の満足を生み出す現在と将来の所得の組合せは，無差別曲線U'U'と接するH点です。この曲線は満足を一定にする所得の組合せを示し

ています。

　無差別曲線は無数に存在しますが，予算可能な組合せで，しかも最大の組合せは予算線と接するH点になります。この場合，現在の消費はC_1^*となり，将来の消費はC_2^*となります。

　こうして現在の所得（Y_2）から現在の消費（C_1^*）を引いた部分が貯蓄として将来に向かいます。これにより将来の消費（C_2^*）が達成できます。

　現在と将来の所得の配分を決定づける大事な役割を果たすのが貯蓄です。その貯蓄手段として様々な金融商品があります。銀行の預金をはじめとして，証券会社が扱う投資信託や株式等があげられます。

　もちろん，保険会社の貯蓄型保険商品も代表的な貯蓄手段として位置づけられます。例えば個人年金保険等は最もわかりやすい貯蓄手段です。また，養老保険や終身保険も同じです。

　ここでは個人による現在と将来への時間選好の度合が貯蓄の大きさを決定づけています。将来よりも現在の消費を好むタイプの人もいれば，逆のタイプの人もいます。それは無差別曲線の傾きで表されます。

　したがって，貯蓄型保険商品を販売する場合，保険募集人は顧客の時間選好を知り，それに見合った保険商品を説明したうえで契約に結びつける必要があります。このことは競合する一般の金融商品にもそのまま当てはまることはいうまでもありません。

第4節　手数料をめぐる議論

　報告書では手数料の開示の是非についても議論されています。そのなかで乗合代理店が複数の商品のうち，顧客に手数料の高い商品を勧めているのではないかという疑問が出されました。

　乗合代理店は一社専属の保険募集人に比べて保険会社の指導が及ばないところがあったからです。しかし，適切な体制が整備されれば，その問題は解消されるので，報告書では手数料の開示を求めませんでした。

保険募集人の仕事は顧客のリスクを見抜き，さらに将来に向けた経済的安定も達成できるように的確なアドバイスを与えることから始まります。このことは経済テキストから学んだことです。
　手数料はこうした保険募集人のサービスに対する対価とも考えられます。もし顧客にリスクの認識も将来への設計もなければ，多大の損失を被る恐れがあります。保険募集人のアドバイスは手数料を超えた価値を顧客にもたらします。
　一方でリスクも将来の設計も十分に熟知している顧客ならば，保険募集人のアドバイスは不要でしょう。その場合は手数料を引き下げるべきです。
　こうした説明はインターネットによる非対面販売にそのまま当てはまるようです。ネット販売の魅力は割安な保険料にあります。これは募集に当たってアドバイス等を受ける必要がないからです。
　もし手数料が明示されれば，その金額が顧客へのアドバイスのシグナルを意味することにつながります。顧客にとって保険募集人との接し方がわかりやすくなるのではないでしょうか。
　保険業法の改正は他業界と平仄を合わせるために行われたといわれます。その経済的背景は保険商品が一般の金融商品と競合関係に立っているからだと思われます。
　そうしたなかで投資信託は手数料が開示されています。銀行窓口で販売される投資信託と保険商品はますます競合性を強めています。保険商品だけが手数料を開示しないのも，金融商品を購入する顧客にとってわかりにくいシステムです。
　生保業界では過去に三利源（危険差損益，利差損益，費差損益）の開示をめぐる議論が行われていました。業界側は原価の開示に等しいことを理由に三利源の開示を拒否していました。しかし，今では主要生保の多くが当然のごとく決算時に発表しています。
　こうした過去を振り返ってみても，いずれ募集手数料の開示が行われるのではないでしょうか。

第8章

〈2016年 ①〉
日銀のマイナス金利政策と生保経営

第8章 〈2016年 ①〉 日銀のマイナス金利政策と生保経営

第1節　2016年3月期決算の発表

　主要生保の2016年3月期決算が発表されました。**図表8－1**は主要生保12社とかんぽ生命の決算をまとめたものです。ここでは売上高に相当する保険料等収入と営業利益に当たる基礎利益が取りあげられています。

図表8－1　主要生保の2016年3月期決算

		保険料等収入	前期比	基礎利益	前期比
国内	日　本	62,620	16.6	7,076	3.9
	第　一	55,860	2.8	5,351	13.4
	明治安田	33,578	▲ 1.5	4,599	▲ 9.2
	住　友	30,448	17.3	3,017	▲ 25.5
	T&D	15,745	▲ 19.6	1,530	▲ 16.2
	ソニー	10,280	12.5	430	▲ 43.8
	富　国	7,888	▲ 1.0	948	▲ 1.2
	朝　日	4,014	▲ 1.1	259	▲ 6.2
外資	プルデンシャル	22,289	5.4	1,708	1.5
	メットライフ	16,313	▲ 6.7	383	▲ 45.0
	アフラック	15,333	0.1	2,602	▲ 42.6
	アクサ	6,044	10.1	419	▲ 32.1
	かんぽ	54,138	▲ 9.1	4,642	▲ 9.9

（注）　単位：億円，％。▲はマイナスを意味します。

　日本生命が保険料等収入で2年ぶりにトップに返り咲きました。超低金利のもとで外貨建て終身保険が銀行窓販を通じて好調なうえ，2015年12月に経営統合した三井生命の買収効果も加わったからです。

　第一生命も同様に銀行窓販の外貨建て商品が好調なうえ，2015年2月に買収した米国のプロテクティブも影響して保険料等収入が伸びています。しかし，トップの座を維持できませんでした。

　ランキング争いを繰り広げる日本生命と第一生命は好調で増収・増益ですが，

全体的には増収より減収の生保のほうが多いです。また基礎利益も増益より減益の生保のほうが多いです。

これは超低金利のなかで中心となる国債の利回りが低下しているからです。そのため一時払い保険の保険料の引き上げや販売停止が相次いで行われ，業績が押しとどめられているのです。

高い利息収入が得られる投融資や外債投資への積極的な取り組み等が考えられますが，運用力の工夫にも限界があります。決算でも為替相場が円高・ドル安に揺れ動いたために，外債の利息収入が目減りし減益に陥った生保が目立ちます。

超低金利の運用環境が変わらない限り，生保経営は厳しさを増すばかりです。ところが驚いたことに日銀の運営は超低金利政策から一層刺激的なマイナス金利政策に移行しました。貯蓄性商品の値上げや販売自粛がさらに進み，生保経営は今まで以上に苦戦を強いられそうです。

以下では日銀のマイナス金利政策に注目しながら，生保経営がこの衝撃をどのように吸収していくかを経理の側面から具体的に見ていきます。そのことを踏まえたうえで長期的な対応策についても触れていきたいと思います。

第2節　マイナス金利政策の導入

(1) 日銀の異次元緩和策の経緯

黒田東彦日銀総裁は2013年4月から異次元緩和策を実施し，大量の国債を買い入れることで金利を引き下げてきました。さらに2014年10月には国債の買入れ規模を拡大し，金融緩和の姿勢を強めてきました。

それでもインフレ率が当初の政策目標の2％に達しませんでした。そこで，ついに日銀は2016年1月29日にマイナス金利政策の導入に踏み切ったのです。これにより貸し手の銀行が日銀に預けている当座預金の一部から金利を逆に支払うことになりました。

図表8－2は国債の利回り曲線（イールドカーブ）を描いたものです。ここ

第8章 〈2016年 ①〉 日銀のマイナス金利政策と生保経営

では日銀の異次元緩和策が実施された3年前の利回り曲線（2013年4月1日），マイナス金利政策が導入される直前の利回り曲線（2016年1月28日），そして2016年5月下旬の利回り曲線（2016年5月27日）が示されています。

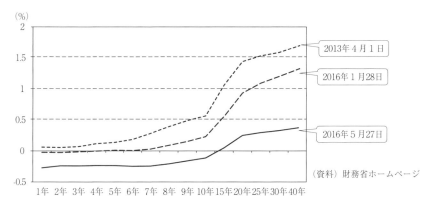

図表8-2　国債の利回り曲線

（資料）財務省ホームページ

これを見るとわかりますように国債の大量買入れで金利全体が下方にシフトしています。とりわけ，マイナス金利政策の導入は強力です。利回り曲線の下方へのシフトだけでなく，10年物長期国債利回りまでマイナスに及んでいます。

日銀は実質金利の引き下げで消費と投資に好影響を与えると期待していますが，残念ながら当初の目標のデフレ脱却に依然として至っていないのが現状です。それよりもマイナス金利政策の副作用が金融機関の経営を苦しめています。

(2) 金融機関への副作用

銀行はこれ以上の預金金利の引き下げが難しいなか貸出金利を引き下げています。その結果，利ざやが縮小傾向にあります。これでは銀行経営がますます不安定になり，金融仲介機能が毀損する恐れがあります。

証券会社の主力商品のMMF（マネー・マネージメント・ファンド）もマイナス金利の影響をもろに受けています。安定した利回りが確保できなくなり，ついに運用や販売の停止に追い込まれてしまったのです。

生保も同様に厳しい運用環境に晒されています。マイナス金利の影響で契約者に約束する利回りの確保が難しくなっているのです。とりわけ，生保商品の性格から長期金利の低下がかなり響いています。

　すでに日銀の異次元緩和策から一時払い養老保険や一時払い定額年金保険の販売が停止されていますが，一時払い終身保険も販売が苦しくなりました。そのため，販売の一部取り止めや実質的な保険料引き上げを決定する生保も現れています。

　退職金の受け皿として貯蓄性の高い一時払い終身保険は人気がありました。超低金利のなかで銀行の定期預金等に比べて相対的に高い利回りが得られていたからです。しかし，これからは個人の運用先が多少なりとも変わっていくと思われます。

第3節　基礎利益から見た生保経営

(1)　生保の損益計算メカニズム

　生保は日銀の超低金利政策から主力生保商品の販売を停止したり保険料の引き上げを実施しています。このことは経営を圧迫していると思われます。

　しかし，今回の決算を見る限り，それほど深刻な状況に陥っているわけではありません。好調な決算とは呼べませんが，不調な決算でもありません。大手生保のなかには連続増配を発表するところも現れています。

　矛盾しているように見えますが，生保の損益計算の仕組みを知れば容易に理解できます。また，マイナス金利が持続した時の生保の対応策もある程度予想できます。

　そこで，最初に**図表8-3**を見ながら生保の損益計算メカニズムから説明します。そのうえで日銀の超低金利政策が生保経営に及ぼす影響を探っていきます。

第8章 〈2016年 ①〉 日銀のマイナス金利政策と生保経営

図表8-3 生保の損益計算プロセス

(1) 経常利益			①+②+③
	① 基礎利益		(ⅰ)+(ⅱ)+(ⅲ)
		(ⅰ) 危険差益	
		(ⅱ) 費差益	
		(ⅲ) 利差益	
	② キャピタル損益		
	③ 臨時損益		
(2) 特別損益			
(3) 法人税等その他			
(4) 当期未処分剰余金			(1)+(2)-(3)

　生保の損益計算で中心となるのは三利源（危険差益・費差益・利差益）の合計に相当する基礎利益です。本業の儲けを示します。三利源を具体的に説明しますと、次のようになります。

　危険差益は予定危険発生率（予定死亡率）から求めた支払額と実際に発生した支払額の差額です。費差益は予定事業費率から求めた事業費と実際の事業費の差額です。利差益は予定利率から計算された運用収益と実際の運用収益の差額です。

　基礎利益に有価証券のキャピタル損益と臨時損益を加えたものが経常利益となります。さらに特別損益を加え、法人税等を差し引くことで最終的な当期未処分剰余金が得られます。ここから一部が配当金として契約者に分配されます。

　実質的に剰余金を決定づけるのはやはり基礎利益です。基礎利益が豊富であれば剰余金も増大し、契約者への配当金も増えます。そのため、生保経営を判断する場合、絶えず基礎利益を構成する三利源の動きに関心が払われます。

(2) 当面の影響と具体的対応策

　今回の決算は金利低下などの影響を受けて基礎利益が前期に比べて減少した生保が全体的に目立ちます。利差益の低迷が起因しているからです。

それでも十分な基礎利益を得ている姿は依然として変わらないように感じます。例えば，大手生保4社（日本，第一，明治安田，住友）の基礎利益の合計は2兆円を超える高い水準にあります。
　しかし，超低金利の運用環境が長期にわたれば，これからは利差益の確保が一層難しくなります。なぜなら生保の保有資産で国債の割合はかなり高く，そこから得られる利子収入が次第に低迷するからです。
　図表8－4は全生保を対象にした運用資産の推移を示したものです。有価証券の保有が圧倒的な割合を占めています。しかも**図表8－5**から国債が有価証券のなかで代表的な資産であることがわかります。保有する国債のデュレーション（満期）は生保商品の性格に対応して長期に及んでいます。

図表8－4　全生保を対象にした運用資産の推移

	現金及び預貯金	コールローン	金銭の信託	有価証券	貸付金	有形固定資産	その他	総資産
2010年度	36,097 (1.6)	14,139 (0.6)	18,458 (0.8)	1,708,079 (76.3)	293,296 (13.1)	66,831 (3.0)	102,141 (4.6)	2,239,044 (100.0)
2011年度	22,905 (1.0)	19,115 (0.8)	17,716 (0.8)	1,829,732 (78.4)	282,448 (12.1)	65,153 (2.8)	95,569 (4.1)	2,332,641 (100.0)
2012年度	28,507 (1.1)	25,634 (1.0)	18,031 (0.7)	2,056,866 (80.8)	275,530 (10.8)	63,740 (2.5)	77,046 (3.0)	2,545,357 (100.0)
2013年度	27,532 (1.0)	24,396 (0.9)	18,775 (0.7)	2,156,527 (81.8)	270,786 (10.3)	62,306 (2.4)	74,614 (2.8)	2,634,939 (100.0)
2014年度	34,020 (1.2)	32,275 (1.1)	18,976 (0.7)	2,331,523 (82.6)	268,329 (9.5)	61,977 (2.2)	76,330 (2.7)	2,823,432 (100.0)

（注1）　全生保を対象にした総資産額。ただし，かんぽ生命を除きます。
（注2）　単位：億円，％。カッコ内は構成割合を示します。生命保険協会『生命保険の動向』（2015年版）より。

　したがって，日銀のマイナス金利政策の導入で利回り曲線が急激に下方へシフトしても短期的には生保の運用収益に響きません。わずかな割合の国債が年度ごとに入れ替わるに過ぎないからです。しかし，超低金利の状態が長期にわたって続けば利子収入の減少から深刻な問題を抱えることになります。
　今回の決算はある程度の利差益が確保できていますが，これからは安心でき

図表8-5　全生保を対象にした有価証券の推移

	国債	地方債	社債	株式	外国証券	その他	合計
2010年度	682,957 (40.0)	56,606 (3.3)	191,930 (11.2)	162,149 (9.5)	450,147 (26.4)	164,288 (9.6)	1,708,079 (100.0)
2011年度	813,135 (44.4)	53,851 (2.9)	191,154 (10.4)	147,434 (8.1)	463,081 (25.3)	161,074 (8.8)	1,829,732 (100.0)
2012年度	922,966 (44.9)	52,361 (2.5)	186,713 (9.1)	167,246 (8.1)	550,842 (26.8)	176,735 (8.6)	2,056,866 (100.0)
2013年度	972,928 (45.1)	48,351 (2.2)	184,540 (8.6)	180,289 (8.4)	602,114 (27.9)	168,303 (7.8)	2,156,527 (100.0)
2014年度	1,006,752 (43.2)	43,127 (1.8)	182,028 (7.8)	226,969 (9.7)	712,990 (30.6)	159,654 (6.8)	2,331,523 (100.0)

（注1）　全生保を対象にした有価証券額。ただし，かんぽ生命を除きます。
（注2）　単位：億円，％。カッコ内は構成割合を示します。生命保険協会『生命保険の動向』（2015年版）より。

ません。そのための対応策として一時払い終身保険の販売停止や予定利率変更による保険料の引き上げが行われています。そのほかにどのような方法が考えられるでしょうか。

　ひとつは国債といった安全資産から株式や外国証券等といったリスク資産への積極的運用があげられます。これにより利息・配当金収入が増え，利差益が膨らみます。実際に生保は外国証券の運用を増やしています。

　日銀が望む株高・円安の推進にもつながります。しかし，生保商品の性格を考えればリスクを全面的に請け負う資産運用には限界があるように思われます。

　そのほかに運用環境の厳しさから既存の高い予定利率の生保商品を低い予定利率の生保商品に転換させることもあげられます。ただし，契約者が複雑な生保商品の仕組みを十分に理解したうえで交渉が進められなければなりません。そのため，生保商品の転換もある程度の限界が感じられます。

　もちろん，オーソドックスな対応策は困難な運用環境下でも十分に適応できる生保商品を全面的に押し出していくことです。具体的には貯蓄性を抑え保障性を重視した生保商品です。

　これならば生保経営にとってそれほど負担にはなりません。しかし，高齢化

社会のなかで人々の老後に役立つ生保商品となれば，貯蓄性を軽視するわけにはいかないでしょう。

第4節　生保の新たな展開

(1)　マイナス金利政策の余波

　日銀のマイナス金利政策は都市銀行であれ地方銀行であれ，銀行の収益を一段と悪化させます。とりわけ地方銀行は人口減少から地域経済が疲弊しているところが多いので一層深刻です。

　最近では地方銀行同士の合併・統合が活発に繰り返されています。地方銀行が抱える厳しい経営環境を少しでも和らげようと考えているからです。

　規模の拡大は経営基盤を安定化させるだけでなく，利ざやの縮小を食い止めることにも役立ちます。そのほかにも様々なメリットが生み出されます。だからこそ大手地方銀行を中心にした広域化が進行しているのです。

　厳しい経営環境に立たされた銀行が確実に収益を得ていくには，貸出を通じた伝統的なストックビジネスから手数料の獲得を目指すフィービジネスにウエイトを移していかなければなりません。

　これならばマイナス金利政策の導入でも赤字分を穴埋めできます。これからの銀行は手数料の獲得を目指す行動が取られていくと思われます。

　そうしたなかで銀行が保険販売で得る手数料に関心が集まっています。銀行窓販は従来から好調ですが，この販売チャネルがさらに強化されていくことが予想されます。

　手数料が高ければ銀行はますます保険販売に力点を置くようになるでしょう。その時，勢い余って不要な保険を販売する動きが強まるかもしれません。

　こうした懸念はすべて販売手数料の非開示に起因します。透明性を高めれば契約者の不安も和らぐと思われます。そのため，日銀のマイナス金利政策の余波は銀行のフィービジネスの強化から保険の販売手数料開示に及んでいます。

　その結果，今秋以降，投資信託と同様に変額年金と外貨建て保険を対象に銀

行窓販での手数料が開示されそうです。

(2) 契約者のコスト意識

　この流れが強まりますと，生保の場合，基礎利益を構成する費差益に注目が集まります。販売手数料が無駄に高ければ費差益はその分だけ減ります。費差益の一部が配当金として分配されますので，契約者にとって販売手数料をできるだけ引き下げてもらいたいと考えるでしょう。

　さらに契約者のコスト意識は販売手数料だけに留まりません。生保の三利源の構造に向かっていきます。そもそも費差益に余裕があるということは予定事業費率を高く設定しているからです。これを引き下げれば付加保険料そのものが下がります。

　基礎利益で最も貢献しているのは危険差益です。2014年度の三利源の構成を上位4生保の累計額で見ますと，危険差益68％，費差益10％，利差益22％です。

　危険差益が豊富で海外生保に比べても大きいのは，予定危険発生率を保守的に高く設定しているからです。これを引き下げれば純保険料も下がります。保障性の高い生保商品に配当金が発生する理由も明らかになります。

　日銀のマイナス金利政策の導入で生保の資産運用は苦しめられています。実際の運用利回りが予定利率を下回る逆ざやに陥る不安も拭えません。しかし，利差益がマイナスの逆ざやになっても危険差益と費差益で賄えば基礎利益は黒字になります。

　こうして見ていきますと，生保経営は全体的に余裕が感じられます。もともと基礎利益が黒字になるように設計されているからです。それでも販売手数料開示をめぐる議論から生保の三利源に契約者の関心が集まれば，保険料の引き下げ圧力が高まるように思われます。

(3) 合併・買収による規模の追求

　もし，そうした事態を迎えたならば生保はどのように対応していくでしょうか。有効な対策は最近の地方銀行と同じように合併・買収戦略から規模を拡大

させることです。規模の利益を追求することで，まず予定事業費率の引き下げが可能となります。

さらに資金規模が大きくなれば効率的な資産運用から安定的で高い利回りが得られます。そうすれば予定利率の引き下げを食い止めることもできます。

また，契約者数が増えれば大数の法則から危険発生率が正確に把握しやすくなります。そのため保守的に設定する必要性も少なくなります。

合併・買収戦略は厳しい収益環境のなかで生保経営を安定化させるだけでなく，三利源の改善を通じて契約者の要求にも応えてくれます。

日銀のマイナス金利政策がいつまで続くのかわかりませんが，長期間にわたって実施されますと，合併・買収を繰り返すことで生保再編という大きなうねりを見せ始めるかもしれません。

アナリスト達はしばしば3の法則を唱えます。非科学的で学問的に証明されているわけではありませんが，業界内で激しい競争が展開されますと最終的に3社に絞られるという法則です。

都市銀行や損保業界は3の法則に収束しているように感じられます。生保業界も日銀のマイナス金利政策をきっかけにこの法則に引き寄せられていくのでしょうか。興味深いテーマです。

第9章

〈2016年 ②〉

大手生保による国内外の買収戦略

第9章 〈2016年 ②〉 大手生保による国内外の買収戦略

第1節　変貌する国内生保市場

(1) 大手生保による活発な買収戦略

最近の生保業界の動きはかなり活発です。そのことは大手4生保による積極的な海外進出に現れています。**図表9-1**は国別の海外進出を一覧表にしたものです。

図表9-1　大手生保の海外買収戦略

	第一生命	日本生命	明治安田生命	住友生命
米　国	プロテクティブ（2015）	米国日生（1991）	パシフィック・ガーディアン（1976） スタンコープ（2015・発表）	シメトラ（2015・発表）
ポーランド			TUオイロパ・ワルタ（2012）	
中　国		長生人寿（2009）	北大方正人寿（2010）	
インド	スター・ユニオン・第一（2009）	リライアンス（2011）		
インドネシア	パニン第一ライフ（2013）	セクイスライフ（2014）	アブリスト（2012）	BNIライフ（2014）
ベトナム	第一生命ベトナム（2007）			バオベト（2013）
タ　イ	オーシャンライフ（2008）		タイライフ（2013）	
オーストラリア	TAL（2008）			

中国，インド，インドネシア，ベトナム，タイといったアジア地域を中心に海外の生保会社を買収してきました。今では新興国のアジアから先進国の米国にウエイトを移しつつあるように見えます。

第一生命による米プロテクティブ（5,800億円）の買収，明治安田生命による米スタンコープ・ファイナンシャル・グループ（5,250億円）の買収，そして住友生命による米シメトラ・ファイナンシャル（4,650億円）の買収から特

徴づけられますように規模も拡大しています。

アジア市場は未開拓な領域で高成長が望めますが，外資規制等の諸問題も抱えています。利益に結びつくのに時間が掛かるうえ，市場規模が小さいため予想外の出来事から突発的に混乱する恐れもあります。

対照的に米国市場は規模が大きく，安定感があります。売上高や利益の増大に直結しやすいです。そのため，アジア市場に偏らず，米国市場にも積極的な展開を見せているのです。

大手生保による買収は海外だけでなく，国内にも及んでいます。最大手の日本生命が主要生保の三井生命を子会社化しました。買収金額は実質2,000億円台後半です。

国内生保の大型再編は2004年以来となります。その年に明治生命と安田生命が合併し明治安田生命が誕生しました。また，T＆Dホールディングスも発足しました。かなりの間隔を開けながらも大手生保がようやく動き始めたように感じられます。

(2) 生保を取り巻く状況

大手生保が国内外の活発な買収に向かう基本的な背景は国内市場の成熟化にあります。世界の保険市場から見てもわが国の生保市場の伸び率はかなり低いです。そうした国内の困難な状況を打破するために積極的な買収が繰り広げられているのです。

図表9-2では全生損保を対象にした保険普及度の推移を描いています。業界全体の保険料収入が国内総生産（GDP）に対してどれだけの割合を占めているかを示しています。2本の曲線のうち実線が生保の普及度を表しています。

ここでは戦後の高度経済成長期から今日に至るまでの動きが示されています。1990年代のバブル崩壊以降，伸びが見られない状態に陥っています。しかもわが国の生保の普及度は米国，カナダ，英国，フランス，ドイツといった先進国と比較しても高いです。

第9章 〈2016年 ②〉 大手生保による国内外の買収戦略

図表9-2 生損保の普及度の推移

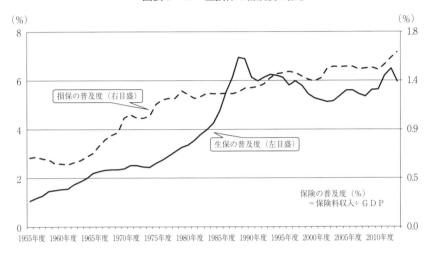

わが国の保険市場が拡大しない根本的な背景は人口減少と少子高齢化にあります。若い世代が増え続ければそれに応じて経済活動も活発になります。所得水準も増大し、生保商品のニーズも自ずと高まってきます。

ところが、今日は逆の動きに転じています。人口増加の気配は一向に見られません。そのため日本経済はかつてのような勢いがなくなり、生保普及度の上昇が期待できなければ、国内外の生保買収といった新しい動きに転じて行かざるを得ないのです。

また、資産運用環境の変化も無視できません。長期金利が低下し、十分な運用利回りが得にくい状況に追い込まれています。生保の資産運用の中心は超長期国債です。その利回りが日銀の長期にわたる大規模な緩和策によって異常なまでに低下しています。

少子高齢化に歯止めが掛からなければ、販売商品のウエイトを変えればいいだけです。過去の死亡保障を重視した保障型生保商品から一時払いの終身保険や養老保険、そして個人年金等といった貯蓄型生保商品に重点を置くのです。

ところが、わが国の資産運用環境は予想以上に厳しく、契約者に約束する利回り（予定利率）を下回る恐れも生じています。そのため、貯蓄型生保商品の

販売を見直すといった動きも出たりします。

第2節　損保から学ぶ保険経営

(1)　先行する損保

　損保も生保と同じように国内外のM＆A（買収・合併）を繰り返していますが，その動きは生保よりもかなり早いです。

　1998年の損害保険料率の自由化を契機として主要損保が一気に集約されました。金融機関の統合・合併から都市銀行が3メガバンクに収束しましたが，それに合わせるように損保業界も3メガ損保が誕生しました。

　しかも海外での買収も活発です。最近では損保ジャパン（当時）による英キャノピアス（1,000億円）の買収，東京海上ＨＤによる米ＨＣＣインシュアランスＨＤ（9,400億円）の買収，三井住友海上による英アムリン（6,420億円）の買収があげられます。

　買収規模も拡大傾向にあります。またアジアを中心とした戦略から欧米にシフトした戦略に転じていることも損保の特徴として指摘できます。3メガ損保では海外保険事業が保険料収入の伸びを支えているほかに，今では利益にもかなり貢献しています。

　生保と比べますと損保は早い段階から国内外の買収に動いていたことがわかります。人口減少が進み，国内市場が頭打ちになっているためです。それでは損保の普及度は具体的にどうなっているのでしょうか。

　先ほどの図表9-2では生保に並べて損保の普及度の推移も描かれています。これを見ますと，生保と違って依然として上昇傾向を辿っています。

　また，損保の普及度の数値は生保とは対照的に欧米の主要な国々の普及度よりも小さいです。国内市場は拡大の余地が残されている印象を受けます。

　それにも関わらず，早い段階から迅速な動きに転じているのは経営に対する危機意識が高いからだと考えられます。

　それを促しているのがERM経営です。そこで損保経営のフレームワークと

してしばしば主張されるERM経営について，生保経営にも当てはめながら説明していきたいと思います。

これにより生保業界の現在の姿が整理できるとともに，将来の姿も占えるような気がします。なお，ERM（Enterprise Risk Management）は全社的リスク管理と訳されることがありますが，ここではそのまま英語の頭文字を用います。

(2) ERM経営のフレームワーク

保険会社は生保であれ損保であれ，リスク負担（危険負担）の見返りにリターン（収益）を得ます。**図表9－3**ではリスクとリターンを適切にコントロールしながら企業価値の最大化を目指す保険会社のERM経営の全体像が描かれています。

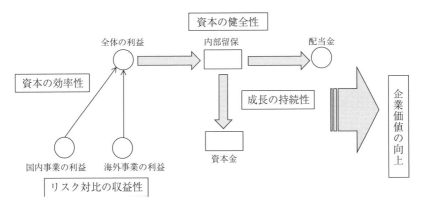

図表9－3　保険会社のERM経営のフレームワーク

今日の保険会社は国内業務だけでなく海外業務にも積極的に取り組んでいます。その場合，「リスク対比の収益性」から国内外の業務の割合を検討しなければなりません。

国内業務の利益と海外業務の利益を比較すると同時に，それぞれの業務から発生するリスクも考慮しながら最適な割合を決定づけるのです。

保険会社が国内外の買収を繰り返すのは国内外業務の割合を動かすことで，まさにリスクに見合ったリターンの獲得を改善しようとしているからです。国内業務に改善の余地があると判断すれば国内でのM＆Aに乗り出し，さらに海外業務が相対的に魅力的に映れば海外でのM＆Aに向かっていくのです。
　こうして「資本の効率性」を高めることから全体の利益を拡大していきます。その利益は内部留保に向かいますが，一部は配当として分配されます。相互会社組織の生保ならば契約者（＝社員）に社員配当として分配されますが，株式会社組織の生損保ならば契約者配当のほかに株主配当としても分配されます。
　その時，利益のすべてを配当に回すわけにはいきません。保険会社が円滑に業務を進めていくには，「資本の健全性」から経営を取り巻くすべてのリスクを吸収するだけの十分な自己資本が必要です。そのため利益のすべてを配当に回すのではなく，資本金にも流していくのです。
　資本金の蓄積はリスクを吸収するといった健全性の立場だけから進められるのではありません。資本金が拡充すれば成長にも繋がります。これにより新たな利益が発生し，再び資本金の増大から「成長の持続性」が達成できます。
　こうした好循環が永続すれば契約者や株主をはじめとするすべてのステークホルダーが満足するはずです。それが保険会社の最終的な目標として掲げられる「企業価値の向上」です。

(3)　ERM経営を促す環境変化

　保険会社が業務を拡大するにつれて様々なリスクが発生します。ERM経営はリスク管理を重視しながら健全な経営を実践するための手法です。これによりリスクに見合った適正な利益が得られることで成長します。
　リスク管理が適切に実行されるには環境整備が必要です。それが国際的な保険会計基準や保険監督規制です。保険IFRS（国際財務報告基準），IAIS（保険監督者国際機構），EUでのソルベンシーⅡが中心となって保険会社の健全性を監視する体制が整備されようとしています。
　このシステムのもとでは資産と負債を時価評価し，その差額の純資産がリス

ク総量をどれだけ上回っているかを絶えず意識します。こうした世界各国の監督当局等による取り組みも保険会社のERM経営を促しています。

　また，外国人持株比率の上昇も保険会社のERM経営に刺激を与えています。3メガ損保は外国人持株比率が40％前後の高い割合を占めています。大手生保の第一生命も同様に40％台です。

　国内株主に比べれば外国人株主のほうが保険会社への要求は厳しいと思われます。資本の効率性を一層追求する経営を求めるでしょう。行き過ぎた経営は過度なリスクを伴うため資本の健全性にも注意を払わなければなりません。

　リスクとリターンのバランスに重きを置くERM経営は外国人持株比率の上昇とともにますます注目されていくと思われます。

第3節　大型買収の諸効果

(1)　分散化効果

　わが国は毎年のように台風の被害に悩まされ続けています。損保は火災保険や自動車保険等の販売から風水害の保険金支払いにも応じています。年度によって変動がありますが，近年では日本を直撃する台風の数が増えたうえ，被害額も巨額化しています。

　損保の海外事業への進出は収益の拡大を目指すだけではありません。国内事業の変動を和らげる分散化効果も期待されています。これにより損保全体のリスクを抑えることができます。

　生保は損保に比べれば国内業務の変動が大きくありませんが，それでも海外事業への進出は分散化効果を通じて生保全体のリスクを削減する働きが期待されていることに変わりありません。

　規模から見れば生損保とも国内業務のほうが圧倒的に大きなウエイトを占めています。一層のリスク分散化効果が求められれば，海外の保険会社の買収はこれからも続くことが予想されます。

(2) ランキング争い

　大手生保の日本生命は保険料収入でも総資産規模でも絶えず業界ランキングでトップの地位を保持してきました。ところが第一生命が保険料収入で過去にガリバーと呼ばれた日本生命を抜き去りました。2014年度決算の出来事です。

　今回，日本生命は三井生命を買収することで，保険料収入において第一生命を抜き去り第1位に返り咲きました。生保のランキング争いは熾烈です。もちろん，損保も同様です。

　3メガ損保のなかで東京海上HDがトップに立っていますが，三井住友海上による英損保会社アムリンの買収でMS＆ADが第1位に差し迫っています。

　保険会社のM＆Aは収益拡大やリスク分散化を目的としていますが，そのほかにランキング争いも無視できない要因のように思えます。とりわけナンバーワン効果は影響力が大きいです。

　業界トップであればブランド力をはじめとしてあらゆる条件で優位に立てます。これにより収益力もリスク管理力も高まり，正のスパイラルが得られます。

　大手生保や3メガ損保による国内外の買収は業界ランキングを意識しながら，長期的な成長戦略を描いているものと思われます。

　大手生保の多くが採用する相互会社形態はM＆Aを実行するうえで不利な面を抱えています。第一生命は株式会社に転換したことで規模を急速に拡大しています。

　経営の動きを早める生保にとって株式会社への転換は熟考すべき喫緊のテーマです。そのことが生保再編のさらなる発展につながっていくものと思われます。

第10章

〈2017年〉
生保予定利率引き下げの影響

第10章 〈2017年〉 生保予定利率引き下げの影響

第1節　2017年3月期決算の発表

(1) マイナス金利政策の浸透

主要生保の2017年3月期決算が発表されました。日銀のマイナス金利政策の影響が如実に反映された厳しい決算となりました。**図表10－1**は国内大手生保と外資系生保，そしてかんぽ生命を加えた主要生保13社の決算をまとめたものです。

図表10－1　主要生保の2017年3月期決算

		保険料等収入	前期比	基礎利益	前期比
国内	日　本	52,360	▲ 16.4	6,855	▲ 3.1
	第　一	44,687	▲ 20.0	5,584	2.7
	住　友	34,588	13.6	3,330	7.8
	明治安田	28,663	▲ 15.2	4,962	6.5
	T&D	15,052	▲ 4.4	1,599	4.5
	ソニー	9,567	▲ 6.9	838	94.9
	富　国	6,487	▲ 17.8	915	▲ 3.5
	朝　日	3,837	▲ 4.4	220	▲ 14.9
外資	メットライフ	22,857	40.1	1,105	188.5
	プルデンシャル	21,398	▲ 4.0	1,686	▲ 1.3
	アフラック	14,399	▲ 6.1	2,586	▲ 0.6
	アクサ	6,191	2.4	357	▲ 14.8
	かんぽ	50,418	▲ 6.9	3,900	▲ 16.0

(注)　単位；億円，％。▲はマイナスを意味します。

全体的に保険料等収入の減少が目立ちます。日本生命と第一生命は1兆円超の減収です。13社のうち10社が前の期を下回っています。しかも下落率が2桁の生保が目立ちます。これは運用難から一時払い終身保険のような高い予定利率の生保商品を抑えるところが現れたからです。

本業の儲けを示す基礎利益も大きなダメージを受けました。マイナス金利政

策の導入から利息配当金が減ったからです。それでも買収した海外生保の貢献が運用難による目減りを補い，基礎利益を増やす生保も見られます。そのため，基礎利益が減少した生保は保険料等収入の減少した生保に比べれば少なくなっています。

このようにマイナス金利政策は売上面でも利益面でも生保市場に悪影響をもたらしています。それは生保商品に組み込まれた予定利率が問題の根幹に関わっているからです。運用利回りの低下から予定利率を上回ることが難しくなり，その結果，生保商品が販売停止に追い込まれているのです。

(2) 生保の対応策

これでは生保市場がますます縮小化に向かっていきます。そのため，予定利率の引き下げが必要になっています。

すでに一時払いの生保商品では予定利率が引き下げられました。2017年4月からは平準払いの生保商品も予定利率の引き下げが行われることになりました。平準払いのほうが一時払いよりも一般的な生保商品ですので，影響力がかなり大きいです。

これにより運用利回りの低下から生じる利益面での弊害をある程度吸収できます。海外事業の貢献にそれほど依存しなくても基礎利益の減少を阻止できるでしょう。

しかし，予定利率の引き下げは保険料の値上げを伴いますので，販売面では大きな負担となります。保険料等収入は一層減少する恐れが出てきます。利益を確保する方策が皮肉なことに売り上げを抑える動きに転じる可能性が高まります。

一方で，生保の資産運用にも影響をもたらすかもしれません。日銀は生保に国債から外債にウエイトを移すよう促しました。円安をもたらすためです。生保が低金利の国債を大量に保有したままでは予定利率を上回るのが難しいです。そこで，高利回りの外債を積極的に購入しているのです。

しかし，予定利率の引き下げは生保の資産運用を元に戻すかもしれません。

第10章 〈2017年〉 生保予定利率引き下げの影響

運用利回りとの差が確保できればリスクを冒してまで外債を買い続ける必要がなくなるからです。そうであれば日銀の意図した政策は覆されてしまいます。

このように予定利率の引き下げは生保経営に様々な影響をもたらします。本章では保険需要に及ぼすメカニズムを理論的に整理しながら，同時に資産運用に及ぼす効果も見ていくことにします。

第2節　日銀と生保市場

(1)　日銀の超低金利政策

今まで幾つかの章でも触れてきましたように，日銀は2013年4月に量的にも質的にも異次元の金融緩和策を発表しました。国債の年間50兆円ペースでの買い入れなど積極的な金融緩和策を実行し，2年間で年2％のインフレ率の達成を目標にしました。

わが国の長期にわたるデフレ経済からの脱却を目指そうとしたのです。しかし，満足のゆく成果がなかなか現れませんでした。そこで，2014年10月には国債の年間購入額を80兆円まで引き上げています。

一連の金融緩和策で国債の金利水準が低位に抑えこまれました。しかし，インフレ期待の上昇に結びつくような勢いが見られず，依然として経済活動の低迷状態が続きました。

そのため2016年1月には日本初のマイナス金利政策に踏み切り，国債の金利水準をさらに下方に向かわせました。

その一方で，日銀の金融政策の副作用も目立つようになりました。金利水準の極端な低下から銀行は貸出金利と預金金利の差に相当する利ざやが薄くなり，利益が生み出しにくくなったのです。

その反動から手数料収入の獲得に動き始めています。また，生保は運用利回りの低下から予定利率の確保が難しくなり，貯蓄性の高い保険商品の販売を停止せざるを得なくなっています。

そこで，2016年9月に日銀は誘導目標を「量」から「金利」に転換しました。

金融機関の経営にも配慮しながら金利の引き下げにある程度の歯止めを設けるイールドカーブ・コントロールが打ち出されたのです。

短期金利（日銀当座預金の一部金利）を今まで通りにマイナス０．１％に維持しながら，長期金利（10年物国債の利回り）を０％程度に戻そうとしました。

それでも国債の年間購入額は80兆円を目処としながら，従来通りインフレ率２％を安定的に維持する目標が掲げられています。したがって，金利水準が全体的に低位に位置づけられる姿は変わりません。

図表10－2では日銀の異次元緩和策が始まった2013年４月から今日に至るまでの10年物，20年物，30年物，40年物の国債利回りが描かれています。

図表10－2　国債利回りの推移

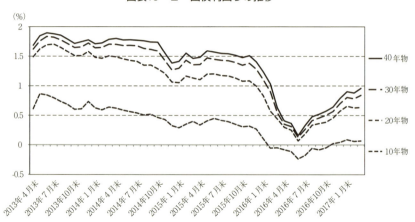

これを見ますと，国債利回りが全体的に低下傾向を歩んでいることがわかります。しかも，マイナス金利が導入されましたので，今まで以上に国債利回りは低下傾向を強めています。さらに，期間ごとの利回り格差も縮小しています。

一般的に満期が長い国債ほど利回りが高くなりますが，その差が急激に狭まっています。つまり，イールドカーブの傾きがフラットになりつつあります。

このように国債の利回りが全体的に下がるだけではありません。超長期の利回りも過去と異なり相対的にかなり下方に向かっています。そのため生保の資産運用はかなり苦しめられています。

国債は生保の運用資産のなかで40％台という大きな割合を占めていますので，国債利回りの低下が生保の運用収益に大打撃を及ぼしていることがわかります。

もちろん，利息収入は国債だけが対象ではありません。地方債，社債，貸付金からも得られます。国債と合わせれば運用割合は60％台にも及びます。しかも，これらの利回りは国債利回りに連動して低下していますので，一層深刻な状態にあるといえます。

(2) 予定利率の引き下げ

日銀は日本経済をデフレから脱却させようと，異次元緩和策を大胆に取り入れてきました。長引く低迷状態の景気を好転させようとしたのです。しかし，2年間で2％のインフレ率が達成できませんでした。当初に期待したほどの成果があげられないまま時間だけが過ぎました。

その影響は生保にとって保有契約高の低迷という形で現れました。図表10－3は個人保険と個人年金保険を合わせた個人向け保有契約高の推移を異次元緩和策が始まった2013年4月時点から月次データで描いたものです。

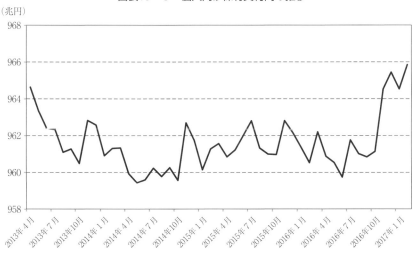

図表10－3　個人向け保有契約高の推移

日銀の大胆な金融政策が成功すれば景気拡大に伴って保有契約高も上昇傾向を歩みます。ところが，残念ながら保有契約高は伸び悩んだ状態が続いています。

　しかも異次元緩和策は生保の予定利率引き下げにも影響を及ぼしました。超低金利の環境下で生保の運用利回りは予定利率を上回ることが難しくなったのです。この状態が続けば逆ざやが発生します。

　逆ざやは生保経営の根幹を揺るがす重大な問題になりかねません。それを回避するには予定利率の引き下げしか有効な手段はないでしょう。

　図表10－4は予定利率を決定づける標準利率の推移を追ったものです。一時払いに続いて平準払いの保険商品も2017年4月から標準利率の引き下げを実施し，1.0％から0.25％に変更しました。これにより契約者に一定の運用利回りを約束する予定利率も引き下げられ，保険料は逆に上昇します。

　保険料の引き上げは契約者にとって保険価格の上昇を意味しますので，保険販売の低迷につながる恐れがあります。あるいは一時払い終身のように販売休止にも追い込まれるかもしれません。そのため，保有契約高の減少が予想されます。

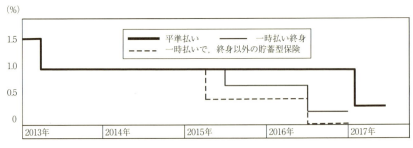

図表10－4　標準利率の推移

（参考）日本経済新聞2016年10月15日より

　こうした一連の流れを理論的に整理したものが**図表10－5**です。この図の左下のA象限では運用利回りと予定利率が一致する状況を45度線で描いています。逆ざやも順ざやも発生しない状態です。例えば運用利回りがx_0であれ

ば、A点から予定利率はr_0となります。

図表10−5 運用利回りが生保需要に及ぼすメカニズム

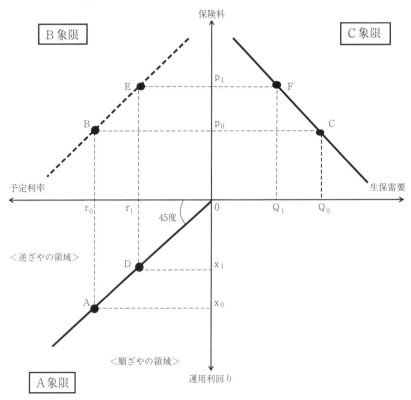

それに対して左上のB象限では予定利率に対応した保険料の関係が示されています。予定利率がr_0の場合、B点から保険料はp_0となります。そして右上のC象限では右下がりの曲線として保険料と生保需要の関係が示されています。

したがって、保険料がp_0の場合、C点から生保需要はQ_0となり、新規契約高が決定されます。

ところが、今日では運用環境の悪化から運用利回りが低下傾向にあります。A象限のD点はそうした状況を表しています。運用利回りがx_0よりも低いx_1であれば、逆ざやを回避するため予定利率はr_0からr_1に引き下げられるでしょ

う。

　その場合，B象限のE点から保険料はp_0からp_1に上昇し，C象限のF点から生保需要はQ_0からQ_1に減少することになります。

　こうして運用利回りが低下しますと，予定利率の引き下げを通じて保険料が上昇し，生保需要が低迷します。そのことは新規契約高の減少となり，最終的に保有契約高の減少ともなって生保市場を直撃します。

第3節　ポートフォリオ・リバランス効果の打ち消し作用

　日銀の異次元緩和策は生保にとって厳しい運用環境をもたらしました。運用利回りの低下から予定利率の引き下げを実施せざるを得なくなったからです。

　本来ならば日本経済を浮揚させ，自ずと生保需要も高まり，新規契約高の増大から保有契約高も上向くと思われました。

　しかし，予想に反して日本経済はデフレから脱却できないまま，金利水準だけが異常なまでに低下する事態を迎えてしまいました。生保にとって逆風が吹いたことになります。

　それに対して日銀が試みたポートフォリオ・リバランス効果は当初の思惑通りに今後も進んでいくのでしょうか。金利水準が全体的に下がれば国債に代表される安全資産の魅力は相対的に落ちます。

　危険資産の外債のウエイトが高まりますので，為替相場は円安に向かっていくと考えられます。実際，生保は国債保有の割合を下げながら外債保有の割合を引き上げています。

　そのなかで予定利率の引き下げは逆の流れを生み出すかもしれません。なぜなら，リスク性の資産を増やさなくても逆ざやを回避できる可能性が高まるからです。それならば財務の安定性を重視する立場から外債保有の割合を低める動きに転じてもおかしくないと考えられます。

　生保の最大の使命は約束した保険契約を確実に履行することです。無理な運用を実行することで高い配当を得ようとするよりも，確実に予定利率を達成で

きる堅実な運用のほうを選択するでしょう。

　したがって，生保は保守的な運用指針に基づきながら安全性の高い資産を多く保有するようになると思われます。このほうが契約者にとっても歓迎されます。

　日銀は異次元緩和策から金利水準を引き下げ，生保などの金融機関に対してポートフォリオ・リバランス効果を期待し，国債から外債へのシフトを促しています。しかしながら，生保が予定利率の引き下げを行えば，反対の流れが生じるかもしれません。その時，外債から国債にシフトし，日銀が目指す円安の動きを打ち消すことになるでしょう。

　結局，日銀の異次元緩和策は時間の経過とともに予想に反した結果をもたらすように思えます。保険契約はさらに低下し，外債の保有は必ずしも拡大の動きに転じないかもしれません。

　あまりにも強烈な金融緩和策から金利水準が大幅に低下し，生保が予防的な措置として予定利率の引き下げを実行したからです。その影響は徐々に鮮明に現れていくと思われます。

終わりに

　少子高齢化は先進国に共通した現象です。所得水準が高く，ある程度の富が蓄積されますと，その国が抱える子供の数は減少し，逆に老人が増える傾向にあります。このことは経済の様々な領域に悪影響をもたらします。そのなかのひとつが年金問題です。

　賦課式の公的年金は年齢構成に依存しますので，少子高齢化が進めば自然と行き詰まります。いずれ支給額が削減されます。それを補うのが民間の生保会社が提供する個人年金などの貯蓄型生保商品です。

　ところが，今日，超低金利の運用環境が長期間にわたって続いています。これでは高い運用利回りが期待できません。そのため，予定利率の引き下げから一定の給付額に対して高い保険料を課さざるを得なくなります。いくら公的年金の補完手段といっても厳しい運用環境下では生保商品にも限界が感じられます。

　そうしたなかで長生きリスクの問題が叫ばれるようになりました。男性も女性も平均寿命が延びて，百歳の老人も珍しくなくなりました。長寿はめでたいことなのですが，個人の生涯にわたる資金繰りを想像しますと，老後破綻に直面する恐れがあります。

　実際，老後資金が枯渇し，公的年金だけでは生活できないお年寄りが増えています。若い頃にかなり経済的にゆとりのあった人ならば老後の貯蓄額も大きいので，長生きリスクを十分に吸収できるでしょうが，多くの人は難しいと思われます。

　今まで真面目に働いてきた人たちでさえ予想以上の長生きから経済的に困窮するかもしれません。そうした経済環境の変化に対して生保は従来通りの貯蓄型生保商品を提供するのに留まっています。

確かに貯蓄型生保商品は老後の生活資金を支えますが，年齢を重ねていくうちに枯渇するかもしれません。どれだけ生きるか不確実な状況のなかで磐石な資金計画はなかなか打ち立てられません。
　しかも，老いるほどに医療費が掛かり，生活をさらに圧迫します。老人たちにとって予想外の長生きは生活の不安から恐怖心を高めていきます。一方で，若い頃から老後に備えて十分な資金を蓄積するのも限界があります。
　長生きリスクが顕在化しているにも関わらず，有効な解決策が見出されないのが現状です。それでも生保が従来の発想を変えれば人々の老後の生活にある程度の安心感をもたらすかもしれません。それは本書のなかでも触れましたように純粋の生存保険を販売することです。
　個人年金などに見られる現在の生存保険は死亡保障も加えられたものです。生存保障だけを対象にした純粋の生存保険で，しかも定期保険であれば，年齢とともに保険金と保険料の差額が増えていきます。その差額を収益として見なせば，かなり魅力的な金融商品に映ります。
　もちろん，純粋の生存保険は亡くなれば保険金は一切支払われません。遺族にお金を残そうとする老人には意味のない保険商品ですが，独身であったり子供のいない老人にとっては死亡保障は不要です。それよりも自分自身が生きるための資金のほうが重要です。したがって，この生保商品は老後の生活を支える有力な金融商品となります。
　長生きするほど収益が増えていくわけですから，老後の生活を支えるといった経済面だけでなく，生きる意欲も自然と湧いてくるので精神面から見てもプラスに作用するのではないでしょうか。
　年齢が高まるにつれて契約者数が少なくなり，販売の限界も生じるかもしれませんが，ある範囲内であれば十分に販売できます。これによりわが国の経済が抱える少子高齢化問題を多少なりとも緩和できると思われます。
　一般に生保商品といえば運用利回りが重要な要因となります。しかし，いくら高度な運用戦略を練っても今日の超低金利の運用環境下では高い利回りが望めません。純粋の生保保険ならば運用利回りの成果にそれほど期待しなくても

終わりに

生命表に従った生存確率によって決定づけられます。そのため，年齢を重ねるに従って高い収益率が得られますし，安定感もあります。

　わが国を取り巻く経済環境は過去と全く違っています。生保もそうした変化に対応した商品を販売しなければなりません。これにより生保が発展するだけでなく，国民経済にとっても好ましい結果をもたらすと思われます。

＜出　典＞

　本書は過去に発表した論文に基づきながらまとめられています。それぞれの章ごとに論文の出典を示しますと，次のようになります。

第１章　「生保の株式会社化をめぐる期待と不安」『共済と保険』2010年７月号　pp.34-41.

第２章　「生保業界の活性化策を求めて」『共済と保険』2011年７月号　pp.14-21.

第３章　「ソルベンシーマージン比率の見直しと生保の株式投資行動」『共済と保険』2012年７月号　pp.14-21.

第４章　「わが国生保の資産側デュレーションの長期化戦略」『共済と保険』2013年７月号　pp.20-26.

第５章　書き下ろし

第６章　「日本銀行の異次元緩和策と生保の資産運用行動」『共済と保険』2014年８月号　pp.4-9.

第７章　「経済テキストで学ぶ保険募集ルールの解釈」『共済と保険』2015年７月号　pp.4-9.

第８章　「日銀のマイナス金利政策と生保経営」『共済と保険』2016年７月号　pp.12-17.

第９章　書き下ろし

第10章　書き下ろし

索　引

(数字・アルファベット)

3の法則 …………………………… 100
3メガ損保 …………………… 59,106
3メガバンク ……………………… 106
ACLI ………………………………… 70
AIG ………………………………… 8
ALM …………………………… 36,43
ALM戦略 …………………………… 51
ERM経営 ………………………… 107
HCCインシュアランス …………… 106
IAIS ……………………………… 108
IFRS ……………………………… 108
MMF ……………………………… 93
RBC ………………………………… 44
ROE ………………………………… 9

(あ行)

あざみ生命 ………………………… 11
アベノミクス ……………… 41,67,79
アムリン ………………………… 106
安全資産 …………………………… 97
イールドカーブ …………………… 92
イールドカーブ・コントロール …… 116
意向把握義務 ……………………… 82
異次元緩和策 ……………………… 92
一時払い終身保険 ………………… 28
一時払養老保険 …………………… 55
一社専属 …………………………… 87
一般勘定 …………………………… 71
インカムゲイン …………………… 28
インフレ率 ………………… 92,115
永久劣後債 ………………………… 21
大手生保 …………………………… 55

(か行)

外国人持株比率 ………………… 109
外資系生保 ………………………… 56
価格競争 …………………………… 62
価格変動リスク ………… 29,30,31
カタカナ生保 ……………………… 61
合併・買収戦略 …………………… 99
株式会社・生保 …………………… 71
株式投資信託 ……………………… 11
株主配当 ………………………… 108
漢字生保 …………………………… 55
かんぽ生命 ………………………… 61
元本保証型変額年金 ……………… 20
企業価値の向上 ………………… 108
基金 ………………………………… 35
危険回避度 ………………………… 86
危険差益 ……………………… 95,99
危険差損益 ………………………… 88
期待効用 …………………………… 84
逆ざや …………………… 118,120
逆ざや問題 ………………………… 43
逆ざやリスク ……………………… 28
キャノピアス …………………… 106
協栄生命 ……………………… 21,30
銀行法 ……………………………… 83
金融教育 …………………………… 83
金融商品取引法 …………………… 83

金融仲介機能	93
金融ビッグバン	58
金利変動リスク	72
景気循環増幅効果	22
経済価値ベース	44
経済価値ベースによる評価	30
契約者配当	108
公的年金	123
効用曲線	84
国際財務報告基準	108
護送船団行政	55

(さ行)

ザ・セイホ	68
債券デュレーション	72
サブプライムローン	8
三利源	88, 95
時価会計	23, 45
時間選好	87
仕組み債	11
自己資本比率の拡大戦略	47, 51
資産側デュレーションの長期化戦略	47
資産側のデュレーション	72
資産負債総合管理	36, 43, 72
資本規制	22
資本の健全性	108
資本の効率性	108
シメトラ	103
社員配当	108
主観的確率	86
順ざや	28
純投資	29, 36
純保険料	84, 99
情報提供義務	82

新規契約高	120
新保険業法	58
スタンコープ	103
ステークホルダー	108
ストックビジネス	98
政策投資	31, 36
生産年齢人口	7
生存保険	23, 124
生損保相互参入	58
成長の持続性	108
生保危機	43, 56
生保再編	110
生保商品の転換	97
生保の株式会社化	6
生命表	125
全社的リスク管理	107
専属営業職員	81
相互会社・生保	71
総代会	9
ソルベンシーⅡ	108
ソルベンシー規制	73
ソルベンシーマージン規制	44
ソルベンシーマージン比率	21
損益計算メカニズム	94
損保系生保	58, 61

(た行)

ターンオーバー	60
大正生命	11
大数の法則	100
体制整備義務	82
短期金利	116
短期的対応	44
地方銀行	98

中核的支払余力 ………………… 31
中期的対応 ……………………… 44
中堅生保 ………………………… 55
中小生保 ………………………… 55
長期金利 ………………………… 116
千代田生命 …………………… 21,30
追加責任準備金 ………………… 44
定期保険 ………………………… 124
手数料の開示 …………………… 87
デフォルトリスク ……………… 74
デュレーション ……………… 43,96
デュレーション・ギャップ …… 47
デリバティブ …………………… 11
当期末処分剰余金 ……………… 95
東京生命 ……………………… 21,30
東京電力 ………………………… 15
当座預金 ………………………… 92
投資信託 ………………………… 88
投資適格社債 …………………… 73
都市銀行 ………………………… 98

(な行)

内部留保 ………………………… 37
長生きリスク ………………… 24,123
ナンバーワン効果 …………… 80,110
日米保険協議 ………………… 58,59
日産生命 ………………………… 29
ネット販売 ……………………… 88
乗合代理店 ……………………… 81

(は行)

販売チャネル …………………… 59
東日本大震災 ………………… 15,28
費差益 ………………………… 95,99

費差損益 ………………………… 88
非対面販売 ……………………… 88
標準利率 ………………………… 118
フィービジネス ………………… 98
賦課式 …………………………… 123
付加保険料 …………………… 84,99
副作用 ………………………… 93,115
負債側デュレーションの短期化戦略
　………………………………… 47,51
不動産投資信託 ………………… 11
プロシクリカリティ …………… 22
プロテクティブ …………… 91,103
分散化効果 ……………………… 109
分離勘定 ………………………… 71
ポートフォリオ・リバランス効果
　………………………………… 67,120
保険価格 ………………………… 118
保険監督者国際機構 …………… 108
保険の転売市場 ………………… 24
保険普及度 ……………………… 104
保険募集人 ……………………… 82
保険募集ルール ………………… 81
保有契約高 ………………… 117,120

(ま行)

マイナス金利政策 ………… 92,113,115
三井生命 …………………… 91,104
無差別曲線 ……………………… 86
戻り益 …………………………… 28

(や行)

大和生命 …………………… 10,21,31
有限責任 ………………………… 12
予定危険発生率 …………… 95,99

予定事業費率 …………………95,99
予定死亡率 ………………………95
予定利率 …………………… 95,117

(ら行)

来店型ショップ …………………81
ライフセトルメント市場 ………24
リーマン・ショック ……………8
利差益 …………………………95,99
利差損益 …………………………88

リスク係数の引き上げ …………30
リスク細分型自動車保険 ………59
リスク資産 ………………………97
リスク対比の収益性 ……………107
利回り曲線 ………………………92
量的・質的異次元緩和策 ………67
老後破綻 …………………………123
ロックイン方式 …………………44
ロックフリー方式 ………………45

著者紹介

小藤　康夫（こふじ　やすお）

略　歴

　　1953年10月　東京に生まれる。
　　1981年3月　一橋大学大学院商学研究科博士課程修了
　　現　　在　専修大学商学部教授　商学博士（一橋大学）

主な著書

　　『マクロ経済と財政金融政策』　白桃書房　1989年
　　『生命保険の発展と金融』　白桃書房　1991年
　　『生保金融と配当政策』　白桃書房　1997年
　　『生保の財務力と危機対応制度』　白桃書房　1999年
　　『生命保険が危ない』　世界書院　2000年
　　『日本の銀行行動』　八千代出版　2001年
　　『生保危機の本質』　東洋経済新報社　2001年
　　『生保危機を超えて』　白桃書房　2003年
　　『金融行政の大転換』　八千代出版　2005年
　　『金融コングロマリット化と地域金融機関』　八千代出版　2006年
　　『中小企業金融の新展開』　税務経理協会　2009年
　　『大学経営の本質と財務分析』　八千代出版　2009年
　　『決算から見た生保業界の変貌』　税務経理協会　2009年
　　『世界経済危機下の資産運用行動』　税務経理協会　2011年
　　『米国に学ぶ私立大学の経営システムと資産運用』　八千代出版　2013年
　　『生保金融の長期分析』　八千代出版　2014年
　　『日本の保険市場』　八千代出版　2016年
　　『生保会社の経営課題』　税務経理協会　2018年
　　『日本の金融システム』　創成社　2019年
　　『大学経営の構造と作用』　専修大学出版局　2019年
　　Management Issues of Life Insurance Companies, Oriental Life Insurance Cultural Development Center, Tokyo, Japan, 2020

著者との契約により検印省略

| 平成30年3月10日　初版第1刷発行 | 生保会社の経営課題 |
| 令和2年7月10日　初版第2刷発行 | |

著　者　小　藤　康　夫
発行者　大　坪　克　行
印刷所　税経印刷株式会社
製本所　牧製本印刷株式会社

発行所　〒161-0033 東京都新宿区下落合2丁目5番13号　株式会社 税務経理協会

振　替　00190-2-187408　電話　(03)3953-3301（編集部）
FAX　(03)3565-3391　　　　（03)3953-3325（営業部）
URL　http://www.zeikei.co.jp
乱丁・落丁の場合は，お取替えいたします。

Ⓒ 小藤康夫 2018　　　　　　　　　　　　Printed in Japan

本書の無断複写は著作権法上での例外を除き禁じられています。複写される場合は，そのつど事前に，（社)出版者著作権管理機構（電話 03-3513-6969,FAX 03-3513-6979, e-mail : info@jcopy.or.jp）の許諾を得てください。

JCOPY ＜(社)出版者著作権管理機構 委託出版物＞

ISBN978-4-419-06507-2　C3033